A CLÍNICA PSICANALÍTICA INFANTIL
ENSAIOS CLÍNICOS

Editora Appris Ltda.
1.ª Edição - Copyright© 2024 dos autores
Direitos de Edição Reservados à Editora Appris Ltda.

Nenhuma parte desta obra poderá ser utilizada indevidamente, sem estar de acordo com a Lei nº 9.610/98. Se incorreções forem encontradas, serão de exclusiva responsabilidade de seus organizadores. Foi realizado o Depósito Legal na Fundação Biblioteca Nacional, de acordo com as Leis nos 10.994, de 14/12/2004, e 12.192, de 14/01/2010.

Catalogação na Fonte
Elaborado por: Dayanne Leal Souza
Bibliotecária CRB 9/2162

C641c 2024	A clínica psicanalítica infantil: ensaios clínicos / Mônica Maria Fonseca de Souza Medeiros e Regina Cláudia Albuquerque (orgs.). – 1. ed. – Curitiba: Appris, 2024. 126 p. : il. ; 21 cm. (Coleção Multidisciplinaridade em Saúde e Humanidades).
	Vários autores. Inclui referências. ISBN 978-65-250-6182-5
	1. Psicanálise infantil. 2. Contemporaneidade. 3. Desejo. 4. Autismo. I. Medeiros, Mônica Maria Fonseca de Souza. II. Albuquerque, Regina Cláudia. III. Título. IV. Série.
	CDD – 616.89

Livro de acordo com a normalização técnica da ABNT

Appris
editora

Editora e Livraria Appris Ltda.
Av. Manoel Ribas, 2265 – Mercês
Curitiba/PR – CEP: 80810-002
Tel. (41) 3156 - 4731
www.editoraappris.com.br

Printed in Brazil
Impresso no Brasil

Mônica Maria Fonseca de Souza Medeiros
Regina Cláudia Albuquerque
(org.)

A CLÍNICA PSICANALÍTICA INFANTIL
ENSAIOS CLÍNICOS

Appris editora

Curitiba, PR
2024

FICHA TÉCNICA

EDITORIAL	Augusto Coelho
	Sara C. de Andrade Coelho
COMITÊ EDITORIAL	Ana El Achkar (UNIVERSO/RJ)
	Andréa Barbosa Gouveia (UFPR)
	Conrado Moreira Mendes (PUC-MG)
	Eliete Correia dos Santos (UEPB)
	Fabiano Santos (UERJ/IESP)
	Francinete Fernandes de Sousa (UEPB)
	Francisco Carlos Duarte (PUCPR)
	Francisco de Assis (Fiam-Faam, SP, Brasil)
	Jacques de Lima Ferreira (UP)
	Juliana Reichert Assunção Tonelli (UEL)
	Maria Aparecida Barbosa (USP)
	Maria Helena Zamora (PUC-Rio)
	Maria Margarida de Andrade (Umack)
	Marilda Aparecida Behrens (PUCPR)
	Marli Caetano
	Roque Ismael da Costa Güllich (UFFS)
	Toni Reis (UFPR)
	Valdomiro de Oliveira (UFPR)
	Valério Brusamolin (IFPR)
SUPERVISOR DA PRODUÇÃO	Renata Cristina Lopes Miccelli
PRODUÇÃO EDITORIAL	Daniela Nazário
REVISÃO	Ana Carolina de Carvalho Lacerda
DIAGRAMAÇÃO	Amélia Lopes
CAPA	Lívia Weyl
REVISÃO DE PROVA	Jibril Keddeh

COMITÊ CIENTÍFICO DA COLEÇÃO MULTIDISCIPLINARIDADES EM SAÚDE E HUMANIDADES

DIREÇÃO CIENTÍFICA	Dr.ª Márcia Gonçalves (Unitau)
CONSULTORES	Lilian Dias Bernardo (IFRJ)
	Taiuani Marquine Raymundo (UFPR)
	Tatiana Barcelos Pontes (UNB)
	Janaína Doria Líbano Soares (IFRJ)
	Rubens Reimao (USP)
	Edson Marques (Unioeste)
	Maria Cristina Marcucci Ribeiro (Unian-SP)
	Maria Helena Zamora (PUC-Rio)
	Aidecivaldo Fernandes de Jesus (FEPI)
	Zaida Aurora Geraldes (Famerp)

AGRADECIMENTOS

Em especial aos nossos familiares, esposos, filhos, e aos nossos pais, que nos deram nosso significante mestre e foram tela e suporte na construção das nossas ficções singulares; se hoje estamos aqui, foi graças ao olhar de cada um deles, que apostaram em nós como sujeitos desejantes.

Gostaríamos de agradecer a colaboração e parceria dos grandes profissionais e professores que passaram pela Clínica da Infância e da Primeiríssima Infância (Cipi). Entre tantos, colocamos em destaque: Julieta Jerusalinsky, Henrique Figueiredo Carneiro, Inês Catão, Leonardo Danziato, Michelle Krames, Karla Patrícia Holanda Martins, Thiago Costa e Rosa Mariotto. Todos eles causaram nosso desejo junto à psicanálise, suscitando novas reflexões na Cipi.

Deixo aqui também todos os créditos e agradecimentos desta obra aos passantes da escola de psicanálise Cipi e aos pacientes da nossa clínica, que fomentam cada dia mais nosso desejo de saber e ouvir na clínica contemporânea.

PREFÁCIO

Com quantos desejos se faz uma clínica? Com quantos desejos se faz um sujeito?

Ouso referir o termo "desejo" no plural apenas para destacar que, na feitura de um livro, na fundação de uma instituição, na prática entre vários e na transmissão da psicanálise, o desejo é plural.

Assim como pensar no surgimento de um sujeito a partir de um alinhavo plural desejante que se revela nas cadeias geracionais e na participação do Outro encarnado em diversos outros que se ocupam da montagem da paisagem psíquica do *infans*.

Parece ser o que testemunhamos neste livro.

Cada autor, ou autores, tece em seu texto interrogações sobre sua prática, suas pesquisas e estudos.

E o que o leitor poderá encontrar nessa pluralidade de escritos, práticas pesquisas e discussões que aqui se reúne?

Sigamos à obra...

Como a gente vira gente? Pode parecer uma obviedade entre os psicanalistas a questão da constituição subjetiva, no entanto, o texto plural de Mônica Maria F. de S. Medeiros e Regina Cláudia Albuquerque indica que sempre há um mais ainda.

Em seu capítulo, "**As primeiras inscrições: o nascimento do sujeito**", as autoras demonstram o sensível e necessário trabalho psicanalítico na primeiríssima infância, e que muitas vezes é essa prática que oportuniza as primeiras inscrições no bebê. Uma intervenção que ajuda a colocar o tempo do desejo como operador fundamental e fundante do sujeito em constituição. Um trabalho no qual o analista não pode ter pressa, mas também não há tempo a perder!

Já o trabalho de Ana Paula Romancini recoloca a seguinte questão: será que um sujeito nasce quando nasce um bebê? Que humanização se pode – ou não – encontrar no parto?

Desse modo, o nascimento do bebê se revela menos como reta final do que como lugar de partida a um outro tempo de fundamentais transformações e, desde então, caminhará de mãos dadas com o mundo externo que acolhe mais um recém-chegado.

Assim, a autora de "**O bebê no contexto do nascimento**" dá destaque à humanização no momento do nascimento indicando que, muito mais do que procedimentos técnicos, a humanização da assistência ao parto é procedimento ético que aposta de modo antecipatório e necessário no sujeito-bebê.

Encontramos no texto "**O manejo clínico do objeto autístico a partir de Frances Tustin e Jean-Claude Maleval**", escrito por Valnei Pinto Macedo Júnior, Ricardo Pinheiro Maia Júnior, Clauberson Sales do Nascimento Rios e Karla Patrícia Holanda Martins, um levantamento teórico-clínico sobre a clínica de crianças autistas, apresentando as perspectivas de importantes autores que se debruçaram sobre essa prática.

Trabalho árduo e necessário que destaca a problemática do objeto autístico e da função do psicanalista nesse tipo de clínica e apontando a necessidade de entender que, a despeito de teorizações diversas sobre o autismo em psicanálise, um eixo permanece imutável: a busca pela significantização das produções dessas crianças.

Ainda que a psicanálise não tenha criado uma psicopatologia própria da infância, o clínico que se ocupa de crianças é diariamente interrogado por uma prática atravessada pelas estruturas em vias de montagem e não de conclusão.

Nesse sentido, no texto "**Uma escolha insondável: psicoses infantis e autismos**", Ricardo Pinheiro Maia Jr. percorre autores a fim de circunscrever com mais precisão o funcionamento autístico do que se denomina psicose infantil. Discussão que recai no manejo e condução de tratamento do psicanalista de crianças, em que sua função de nomeação, não de uma doença, mas do sofrimento em jogo, permite que o *infans* busque um nome, e não um diagnóstico.

O que faz um psicanalista quando se encontra com uma criança no *setting* clínico? O trabalho de Carla Renata Braga de Souza, "**Romances familiares e o interdito: a função paterna na constituição subjetiva**", busca responder essa questão. Amparada em autores e em sua própria prática e pesquisa, a autora localiza a função do analista e da análise com uma criança semelhante àquela do romance familiar, em que a criança, diante do Outro em falta, assume a imperiosa tarefa de tecer uma narrativa de si e para si, em que agora passa de contado a contador de sua própria história.

Seguindo o fio da meada subjetiva contemporânea, o trabalho de Camila Guimarães de Paula Pessôa, intitulado "**Tornar-se mulher: a produção discursiva acerca da feminilidade**", nos convida a importantes reflexões sobre a montagem do feminino hoje. Propõe-se a discutir a montagem do feminino fora do colorido histérico, dando à mulher um contorno cinzento típico do funcionamento obsessivo.

Maternidade, trabalho, estudos e relações afetivas se apresentam às mulheres do nosso tempo como tarefas a serem cumpridas, não necessariamente desejadas, fazendo com que a dicotomia dever-desejo produza um curto-circuito de gozo, extremamente estafante, em que há uma disputa voraz entre se submeter ao gozo fálico ou se render ao outro gozo.

E para encerrar essa coletânea, o artigo de Thais Lia Castro Leite, "**Psicanálise com crianças on-line: semelhanças e diferenças nos desafios da prática clínica**", encontramos uma questão que atravessou e ainda permanece como elemento a mais no atendimento psicanalítico com crianças. A autora apresenta de que forma o atendimento on-line com crianças pode se dar sem que o analista se desvie de seu lugar e função e, principalmente, de seu rigor ético. Além disso, elenca pontos fundamentais no manejo clínico nesses casos, tais como o cuidado transferencial com os pais e a criança, o *setting* on-line seguro e privado e o brincar como técnica incontornável, mas adaptável em nossos tempos virtuais.

Um texto necessário para o analista que está atento às modificações que o tempo atual impõe em sua prática.

Prefaciar um livro é de algum modo produzir uma demanda. O leitor, ao ler as páginas iniciais de um livro, que via de regra é escrito por outro leitor e não um autor, vai encontrar nesse texto elementos de interesse ou não.

Porém, quando estamos diante de uma obra de qualidade, não nos preocupamos em ofertar palavras que vendam a obra, mas assumimos essa incumbência de um modo prazeroso, pois somos os primeiros a desfrutar dos trabalhos que tão logo se tornarão públicos.

Gosto de dizer que quando adquirimos um livro, não compramos um bem, mas escolhemos investir num dom. Em psicanálise, dom é o mais-além do objeto real, uma espécie de signo de amor que pode ou não responder à demanda.

A escrita é um dom, pois representa a generosidade do autor em ofertar e transmitir por intermédio do texto seu amor pelas letras e, no caso em questão, seu amor pela psicanálise.

Que o leitor possa encontrar aquilo que encontrei: o dom de transmitir um desejo plural!

Rosa Maria Marini Mariott

Psicanalista, Doutora em Psicologia Escolar e do Desenvolvimento IPUSP, professora adjunta da PUCPR (1991-2012), analista membro da Associação Psicanalítica de Curitiba

SUMÁRIO

1
AS PRIMEIRAS INSCRIÇÕES: O NASCIMENTO DO SUJEITO 13
Mônica Maria F. de S. Medeiros, Regina Cláudia Albuquerque

2
O BEBÊ NO CONTEXTO DO NASCIMENTO 25
Ana Paula Romancini

3
O MANEJO CLÍNICO DO OBJETO AUTÍSTICO A PARTIR DE FRANCES TUSTIN E JEAN-CLAUDE MALEVAL 43
Valnei Pinto Macedo Júnior, Ricardo Pinheiro Maia Júnior, Clauberson Sales do Nascimento Rios, Karla Patrícia Holanda Martins

4
UMA ESCOLHA INSONDÁVEL: PSICOSES INFANTIS E AUTISMOS 75
Ricardo Pinheiro Maia Júnior

5
ROMANCES FAMILIARES E O INTERDITO: A FUNÇÃO PATERNA NA CONSTITUIÇÃO SUBJETIVA 87
Carla Renata Braga de Souza

6
TORNAR-SE MULHER: A PRODUÇÃO DISCURSIVA ACERCA DA FEMINILIDADE 99
Camila Guimarães de Paula Pessôa

7
PSICANÁLISE COM CRIANÇAS ON-LINE: SEMELHANÇAS E DIFERENÇAS NOS DESAFIOS DA PRÁTICA CLÍNICA 113
Thais Lia Castro Leite

SOBRE OS AUTORES..123

1

AS PRIMEIRAS INSCRIÇÕES: O NASCIMENTO DO SUJEITO

Mônica Maria F. de S. Medeiros
Regina Cláudia Albuquerque

INTRODUÇÃO

A maternidade implica, além de um gozo fálico, um gozo Outro, e que esse gozo Outro da mãe é decisivo no tempo das primeiras inscrições constituintes do psiquismo do bebê.

(Julieta Jerusalinsky, A criação da criança, p. 14)

A perspectiva do nosso trabalho traz à tona o desejo das analistas frente a clínica da primeiríssima infância e da infância. Nessa direção, busca-se apropriar-se da letra da música de Caetano Veloso, no refrão que diz: "o autoacalanto de Benjamim[...] o que mesmo que isso me ensina? um ser que a si mesmo se nina [...] eu nunca tinha visto nada assim".

A arte inspira a construção do nosso trabalho psicanalítico, a melodia nos faz pensar que há possibilidades nas operações precoces e na trama familiar que se apresenta na cena clínica, se inscreve a aposta no sujeito a partir do continente dado pelo analista e seu não saber. O objetivo de tal artigo aponta para a constituição do sujeito, discorrendo sobre o processo de alienação e separação do Outro primordial, trabalhando a questão da lógica do tempo lacaniano e a intervenção precoce no processo de análise da clínica psicanalítica infantil.

Este trabalho visa tratar da importância desse tempo de subjetivação. Tempo que começa mesmo antes do nascimento e da gestação, no qual o desejo dos pais já existe e se inscreve nesse sujeito que existe na fantasmática deles. Nesse momento, está posto um Outro que já fala sobre esse sujeito.

Abordaremos, sobretudo, os conceitos freudianos e lacanianos, trazendo também considerações de Julieta Jerusalinsky e outros psicanalistas que trabalham com a infância, do que seja a primeira infância e o modo como esse tempo do sujeito é fundamento para o psiquismo.

Por fim, a atuação do analista nesse tempo, como também a importância do trabalho transdisciplinar para que, ao sinal de sofrimento psíquico na pequena criança, possa vir a ter uma "intervenção a tempo" capaz de reorganizar o sujeito no seu sofrimento, dando também suporte ao seu entorno

O registro das primeiras inscrições do *infans* pode ser observada na obra de Freud, em três ensaios sobre a sexualidade de 1905, a partir da pulsão sexual; há registros do autor que apontam que: "o encontro do objeto, é na verdade, um reencontro" (FREUD, 1905/1966, p. 99). Nesses termos, ao nascer, o bebê reconfigura a vida da mulher, a sua feminilidade, ela nasce como mãe e estabelece com o recém-nascido um novo laço, como provedora de todas as necessidades da criança. Díade, mãe/filho desde o intraútero são bordeados pelo banho de linguagem.

Um bebê não existe sozinho, já dizia Winnicott, em (1957, p. 99), quando falou da importância do ambiente para que o bebê exista psiquicamente. Lacan também, em sua frase célebre, por muitas vezes mal interpretada, diz que "o bebê é um pedaço de carne que grita". Esse recorte de Lacan também vai trazer a importância do ambiente, ou seja, do Grande Outro, tesouro dos significantes, que imprime marcas e que, com seu discurso, seu tocar, olhar, faz nascer as primeiras inscrições no corpo e consequentemente na subjetividade do sujeito.

A constituição subjetiva do sujeito se dá a partir da sua relação com o Outro. É a função materna que supõe um saber nesse bebê, enlaçando-o no simbólico. O bebê precisa ser tomado como objeto de um Outro, para que, nesse jogo pulsional, possa acontecer a operação fundante do psiquismo: a alienação. É aí que o bebê vem a se constituir como sujeito.

1.1 ALIENAÇÃO E SEPARAÇÃO

Lacan (1988, p. 199) abaliza que a alienação é "a primeira operação essencial em que se funda o sujeito". Ainda para Lacan, (1964/1988, p. 849) "o efeito da linguagem é a causa introduzida no sujeito. Por esse efeito, ele não é a causa de si mesmo, mas traz em si o germe que o cinde".

O sujeito se constitui pela linguagem, é preciso que a criança tenha sido desejada por um Outro, e que esse Outro possa se oferecer para a criança como transmissor da linguagem, assim, autorizando sua inserção na cadeia de significantes.

Na operação de alienação, Lacan (1964/1988) aponta a diferença entre sujeito e indivíduo, uma vez que o sujeito não é causa de si próprio, mas efeito do significante. A alienação é a operação pela qual a criança está sujeita ao Outro (materno); o Outro é o lugar da linguagem, da cadeia significante, é tudo que organiza o sujeito simbolicamente.

Diante disso, o fato de o sujeito ser efeito do significante constitui a raiz que funda o processo de alienação, uma vez que a construção pelo significante tem como resultado o sujeito dividido. Ressalta-se que a entrada do sujeito no campo simbólico das representações inclui uma castração, uma perda.

Por outro lado, a operação de separação traz à tona o sujeito desejante. A separação se refere ao percurso do sujeito como falta--a-ser para a articulação do desejo como desejo do Outro.

A criança entende que não satisfaz o desejo da mãe totalmente, tem algo que falta, que a mãe deseja e que ela não poderá ficar em tal lugar, visto que o desejo materno está para além da criança.

Com a falta do Outro materno, a criança percebe-se também faltosa, ou seja, momento em que começa a lidar com a castração, que consentirá um percurso singular pelo acesso ao simbólico. A separação, ainda, dar-se-á pela entrada na vida da criança pela metáfora paterna, a lei do pai.

A separação se estabelece por meio dos efeitos vividos pelo sujeito em seu contato com o desejo do Outro ou nas próprias lacunas do seu discurso, o sujeito se interroga sobre o que o Outro deseja, ponto essencial no qual surge seu próprio desejo.

Ensina Lacan (1964/2008, p. 209) que o desejo "surge do recobrimento de duas faltas". De tal maneira, o desejo só se desenvolve como tal ao desejar outro desejo e no contato com a falta por meio do desejo do Outro.

1.2 QUEM É O OUTRO QUE PRODUZ MARCAS E SIGNIFICANTES NO SUJEITO?

> *O grande Outro como discurso do inconsciente é um lugar. É o alhures onde o sujeito é mais pensado do que efetivamente pensa. É a alteridade do Eu consciente. É o palco que, ao dormir, se ilumina para receber os personagens e as cenas dos sonhos. É de onde vêm as determinações simbólicas da história do sujeito. É o arquivo dos ditos de todos os outros que foram importantes para o sujeito em sua infância e até mesmo antes de nascer.*
>
> (Antônio Quinet, Os outros em Lacan, p. 20, 2021)

Pensar no conceito de Outro é entender que esse é um conceito trabalhado a partir de Lacan, ele nos traz cinco campos do outro. O outro do gozo que é o lugar do feminino, o outro do laço social, estruturado pelos discursos (do mestre, do universitário, do analista, do capitalista, do histérico), o objeto "a" causa de desejo, o pequeno outro, formulado no estádio do espelho e o grande Outro, que é o representante da linguagem, o que produz marcas e significantes no sujeito. É ele que Lacan chama de tesouro dos significantes, pois é o Outro da linguagem e que vai produzir nesse sujeito uma posição desejante.

Segundo Lacan (2008), o sujeito é constituído no laço, no discurso do Outro grandioso. Esse Outro que, segundo novas pesquisas a partir de registros intraútero, já está presente desde a vida intrauterina, onde o bebê já escuta, sente o toque do cordão umbilical, da água morna em que ele está imerso no ventre da mãe. Após o nascimento, esse Outro o coloca na condição de sujeito, mas também de objeto.

Para que o bebê se desenvolva, ele precisa de um Outro encarnado que o tome como objeto, para que uma vez se distanciando desse Outro, ele possa vir a ter possibilidades de outras relações objetais que o proporcione satisfações e possibilidades de vida. É importante que o bebê se abra a ser objeto de um Outro para que mais tarde ele possa escolher outros objetos. Porém, esse gozo precisa ser recíproco. É importante que esse Grande Outro goze para que o bebê também goze na posição de falo. Sendo assim, essa função materna tem um papel fundamental nessa constituição psíquica do bebê e é fundante para ele.

O sujeito precisa da função materna, que não é necessariamente a mãe, mas alguém que derrame sobre ele os primeiros significantes, as primeiras inscrições que passam pelos primeiros cuidados corporais, banhando esse bebê de linguagem. É a lalingua, que Lacan trata tanto na primeira parte do seu ensino, em que o registro do simbólico é privilegiado quanto na última parte em que o registro do real ganha primazia. É essa lalingua que arma uma promessa de gozo para esse bebê.

O Outro é um lugar, lugar esse que constitui o sujeito nascente com o seu discurso. Por isso, alimentando e cuidando do bebê, esse Outro pode produzir novos sentidos para ele, trazendo-o ao mundo simbólico. O alimentar, o olhar, o cheirar, o tocar, vão imprimindo, assim, marcas simbólicas estruturantes para esse sujeito.

É nesse movimento da relação do bebê com a função materna que se dá as duas operações fundante do psiquismo: a alienação e a separação. Ninguém se constitui sozinho. Por mais que o bebê tenha competências, e sabemos que ele tem, o entorno é fundamental para sua estruturação. Esse Outro a partir do discurso que marca esse bebê, colocando-o na linguagem, promove que o bebê se aliene a esse discurso como sujeito.

Lacan (1960) faz um retorno a Freud e nos traz a linguagem como um ponto fundamental. Ele coloca esse Outro como tesouro dos significantes e lugar da linguagem. Por isso, para que a criança se situe nesse lugar de linguagem, ela passa por duas operações fundantes do psiquismo, que seriam a alienação e a separação.

O sujeito é constituído a partir de significantes e isso se dá a partir dessa relação do bebê com a função materna, o Outro, aquele que com o seu desejo, deseja esse bebê de tal forma que o coloca no campo simbólico, no qual, por meio da linguagem, ele fala sobre o bebê, pulsionalizando o corpo do bebê por meio da palavra. Nasce nesse momento o sujeito desejante, dividido.

1.3 A PRIMEIRA INFÂNCIA

A clínica psicanalítica infantil apresenta construções teóricas freud-lacanianas relevantes para o trabalho com a primeira infância. Freud não atendeu crianças, mas relata o caso do pequeno Hans, trabalho realizado em sessões com o pai do Hans. Freud ainda apresenta o complexo de Édipo, que representa o caráter sexual na primeira infância, no qual o filho sente pela mãe o desejo de ultrapassar o pai. Freud (1905, p. 123) assinala que "é o destino de todos nós, talvez, dirigir nosso primeiro impulso sexual para nossa mãe e nosso primeiro desejo de assassino contra nosso pai".

Por outro lado, a teoria lacaniana aparece na clínica infantil também com a precursora, Dolto, a qual aponta em sua teoria a necessidade do dito pelos genitores que o filho tenha espaço de fala e de escuta, o que permite a criança transitar pelo universo infantil e construir-se como sujeito a partir do desejo do Outro e do seu próprio desejo.

Dolto, ainda, assinala que: "essa linguagem de recusa a entrar no ritmo exigido pelos pais, ou pela mãe, pode ser uma linguagem salvadora do sujeito, mas, carente das experiências que edificam um futuro Eu articulado ao sujeito" (DOLTO, 1908/1988, p. 5).

De tal modo, a criança emerge pela dimensão imaginaria da linguagem, subvertida ao significante pela dialética do desejo do inconsciente dos pais. Isso posto, a infância na cena clínica se torna um trabalho infatigável para os psicanalistas que sustentam a "rede" de significantes pela confiança do sujeito o Outro e por seu desejo.

Outrossim, Freud ensina que é possível viver sem nascer, ou seja, viver apesar das instabilidades entre o próprio enigma e os enigmas dos pais. Sair do gozo para o desejo pela aposta da psicanálise no vir a ser sujeito linguageiro. A linguagem é marcada por diferenças feita do Outro primordial.

Por isso, a ideia da lógica do não todo, de não poder dar o que não tem. Nesse sentido, Flesler, no livro *A psicanálise de crianças e o lugar dos pais* (2012, p. 21), assinala que "à perda de um gozo e do objeto natural, soma-se outra grande perda: o acesso direto ao real".

Assim sendo, o real será mediado pela linguagem do corpo pulsional e pelos jogos de palavras da criança, Lacan aponta em seus escritos o tempo lógico do sujeito, fazendo uma alusão que a criança não tem idade, mas tempos lógicos para situar uma dimensão simbólica. Torna-se um convite à reinvenção da psicanálise com crianças, o momento de ver, o momento do compreender e o momento de concluir.

Aprofunda-se a questão da temporalidade na cena analítica e busca-se inspiração teórica em Jerusalinsk (2020, p. 182), que apresenta que: "o tempo cronológico não é suficiente para que a criança adquira a linguagem, psicomotricidade e aspectos cognitivos, pois elas mantêm sempre dependência em relação ao circuito do desejo e a demanda na qual o bebê é tomado desde o Outro".

Nessa ocasião, aparece o Outro primevo, aquele que faz a função materna, o cuidador, o que vivencia o cotidiano na família, que o ajuda na construção do mundo, as crianças precisam de um lar emocionalmente estável para o desenvolvimento no devido tempo, nas fases iniciais da vida.

Nesses termos, o RSI real, simbólico e imaginário atravessa o consultório infantil, onde por meio de seus fantasmas, sinais e sintomas a criança é bordeada pela linguagem e pelo brincar na construção do seu desenvolvimento psíquico.

1.4 INTERVENÇÃO A TEMPO

A clínica psicanalítica de atendimento precoce traz à tona a demanda que chega aos nossos consultórios, diariamente, com queixa de que algo não vai bem com o filho. Seja por indicações de colegas neurologistas, pediatras, por encaminhamento das escolas ou por meio dos genitores que abordam seu medo e suas inseguranças em relação a educar, a dar limites e ampararem as demais questões da criança.

Nesse aspecto, ensina Jerusaslink (2020, p. 109) que: "a atual epidemia diagnóstica de TEA – que abarca o autismo propriamente dito como um quadro de incidência precoce extremamente específico, caracterizado pela exclusão do Outro de seus circuitos de satisfação". Assim, acolher por meio de escuta especializada, já que tal situação, no geral, nos convoca a olhar uma a uma as especificidades dos pequenos a fim de buscar dispositivos de atendimento, tendo como continente o Outro primordial, a díade mãe/bebê. Portanto, imprescindível e urgente se faz o acolhimento da advertência precoce, o olhar e a observação do psicanalista.

Nesse intuito, a preocupação dos genitores será acolhida por atendimento aos pais e aos bebês ou criança, para a observação do sintoma em cena. Um olhar e uma escuta especializada virá corroborar com o desenvolvimento da pequena criança. Seja qual for a questão que se apresente, parece que há uma luz no fim do túnel, pois a identificação com o Outro, por meio da transferência, poderá possibilitar saídas, quando levados para acompanhamento, logo que se perceba que algo não vai bem. No dizer teórico da Jerusalinsky (2020, p. 110): "é preciso um extremo cuidado com o que se entende por detecção precoce, porque nem todo sofrimento psíquico na primeira infância é autismo, mas precisa ser tratado e detectado para favorecer a estruturação de um bebê". Ressalta-se que o diagnóstico precoce não é prognóstico, que há muito que se fazer a partir do desejo do analista, da maternagem e da família. Outro fator relevante em cena o desejo do próprio bebê/criança.

CONSIDERAÇÕES FINAIS

Neste trabalho, discorre-se sobre as primeiras inscrições do sujeito e seu nascimento, o que implica questões do laço familiar, investimentos e desejos dos cuidadores, como também a transferência operada pelo analista de modo singular.

É na primeira infância que a estruturação do sujeito se dá, é aí que os significantes vão ser impressos por meio do dito, do não dito, dos jogos pulsionais. É na primeiríssima infância que o sujeito apresenta as primeiras marcas que vão marcar sua vida psíquica. E é na primeiríssima infância que nasce o sujeito.

Se o bebê nos mostra sinais de sofrimento psíquico, é importante que a intervenção seja a tempo. Tempo de quê? Tempo para quê? Que tempo seria esse que nos leva a pensar numa certa pressa? Pressa ou atenção?

Sim! Uma atenção! Atenção ao tempo de estruturação, atenção ao tempo em que o sujeito está em constituição. Apostamos no sujeito, seja em qual tempo for, em que idade for. Visto que, para a psicanálise, o sujeito não é o indivíduo, a pessoa, mas o sujeito do inconsciente. Porém, investir na primeira infância é investir no tempo de subjetivação, tempo que quase tudo acontece, tempo do nascimento do sujeito.

É aí então que o trabalho se torna essencial. Principalmente diante dos desafios de uma era virtual, na qual a função materna por vezes tem sido substituída pela tela de cristal líquido.

O psicanalista da clínica infantil passa, a partir da transferência com a família e com o *infans*, a vivenciar por meio dos atendimentos como um articulador da demanda e do desejo do Outro. Ao se deparar com a história de vida do bebê descrita numa anamnse por seus pais ou por quem faz a função materna ou a função paterna, o clínico atua e direciona o tratamento tricotando o tecido psíquico, ou seja, o circuito pulsional do bebê endereçando ao circuito de demanda e desejo do Outro com o intuito de perceber o que não está bem com o bebê e ao olhar da família, o que incomoda, o que não é dito.

Nesse sentido, poderá intervir no que se apresenta em cena antes que se feche a estrutura para que possa emergir a inscrição psíquica da criança. Acerca do assunto, Jerusalinsk (2011, p. 34/35) nos ensina que: "Corpo e linguagem estão atrelados na produção do sintoma, bem como na intervenção psicanalítica ao convocar a fala do paciente".

Com tal ideia, percebe-se que a intervenção do psicanalista se situa como marco da estimulação precoce ao ler suas produções supondo-o como sujeito do desejo. Tais fatores assinalam a produção do enlaçamento para que uma possível inscrição do bebê ocorra, ou seja, o nascimento do sujeito.

Portanto, a inscrição pulsional demarca as primeiras inscrições, e cada caso está conectado à rede de significantes parental da criança e seus deslocamentos na trama do vir a ser sujeito.

REFERÊNCIAS

DOLTO, Françoise. **Tudo é linguagem/ Françoise Dolto**. Tradução de Luciano Machado; revisão técnica de Cláudia Berliner. 2. ed. São Paulo: Martins Fontes, 2018.

FREUD, Sigmund. **Obras completas de Sigmund Freud**: edição standard brasileira/Sigmund Freud. Comentários: James Strachey: em colaboração com Anna Freud; traduzido do alemão e do inglês por Jayme Salomão. Rio de Janeiro: Imago, 1996.

FLESLER, Alba. **A psicanálise de crianças e o lugar dos pais**. Tradução de Eliana Aguiar; revisão técnica: Terezinha Costa. Rio de Janeiro: Zahar, 2012.

JERUSALINSK, Julieta; MELO, Maribél de Salles. **Quando algo não vai bem com o bebê**: detecção e intervenções estruturantes em estimulação precoce. Salvador: Álgama, 2020.

JERUSALINSK, Julieta. **A criação da criança**: brincar, gozo e fala entre a mãe e o bebê. Salvador: Álgama, 2011.

LACAN, Jacques. **O Seminário livro 8**: a transferência, 1960/1961. Versão brasileira de Dulce Duque Estrada; revisão de Romildo do Rêgo Barros]. 2. ed. Rio de Janeiro: Zahar, 2010.

LACAN, Jacques. **O Seminário, livro 11. Os quatros conceitos fundamentais da psicanálise**. Texto estabelecido por Jacques-Allain Miller; tradução M. D. Magno. Rio de Janeiro: Zahar, 2008.

LASNIK, Marie-Christine. **A voz da sereia**: o autismo e os impasses na constituição do sujeito. Textos compilados [e prefácio] de Daniele de Brito Wanderley; tradução de Fernandes Rokenkol...*et al.*; [entrevistas de Laura Battaglia e Thereza Contijo Curi]. 2. reimp. Salvador: Álgama, 2013.

PARLATO-OLIVEIRA, Erika. **Saberes do bebê**. São Paulo: Instituto Langage, 2019.

QUINET, Antonio. **Os outros em Lacan**. Rio de Janeiro: Zahar, 2009.

WINNICOTT, Donald W. **Pensando sobre crianças**. Ray Shepherd, Jennifer Jonhs, Helen Taylor Robinson; tradução de Maria Adriana Veríssimo Veronese. Porto Alegre: Artes Médicas, 1997.

WINNICOTT, Donald W. **O ambiente e os processos de maturação**: estudos sobre a teoria do desenvolvimento emocional. Tradução de Irineo Constantino Schuch Ortiz. Porto Alegre: Artes Médicas, 1983.

2

O BEBÊ NO CONTEXTO DO NASCIMENTO

Ana Paula Romancini

INTRODUÇÃO

A experiência de parto e nascimento representa a grande estreia do sujeito no mundo extrauterino. Nascer, todos nascem... Mas de que jeito? Estamos diante de uma realidade permeada por medicalizações excessivas, desrespeitos e violências, o que nos convida a refletir sobre a maneira como é prestada a assistência às parturientes e seus bebês, a fim de evitar desnecessárias experiências traumáticas e as consequências que delas advêm. Ao pensarmos os bebês, especificamente, partimos das descobertas mais recentes sobre eles desde o ambiente intrauterino, para abandonar a visão de que estes são seres inferiores, que não sentem dor ou sofrimento, sendo subestimados e negligenciados em seus direitos universais básicos, como o direito à vida e garantia de atendimento médico respeitoso e de qualidade também no evento de seu nascimento.

2.1 SOBRE PARTO, NASCIMENTO E VIOLÊNCIAS

O parto, como evento fisiológico, cultural, social, sexual e psicológico, vem mudando de configuração de acordo com o tempo. Cavaler *et al.* (2018) pontuam que antigamente o parto era visto como algo natural, acompanhado por outras mulheres que acumularam saberes sobre o processo, como parteiras e familiares com quem a parturiente desenvolvia um vínculo afetivo, e que muitas vezes a acompanhavam da gestação até o puerpério. Acontecia nos lares e de maneira íntima.

É no início do século XX que o parto começa a acontecer dentro dos hospitais, assistido por médicos, e nessa mesma época a Medicina nomeia a Obstetrícia como uma nova especialidade, passando a surgir as primeiras intervenções obstétricas e as cirurgias cesarianas, que viriam a salvar a vida de mulheres e crianças nesse contexto do parto.

Mas foi também a partir de então que passaram a se tornar frequentes os excessos dessa assistência e medicalização, que passaram a se tornar abusivos, com atos desrespeitosos e de maus-tratos praticados pela equipe, e que mais tarde vieram a se chamar "violência obstétrica" (VO) e/ou "violência neonatal" (VN), capazes de deixar consequências físicas e emocionais difíceis de mensurar.

Esses hábitos médicos e institucionais seguem amplamente sendo reproduzidos com o argumento de "melhorar a eficácia" no atendimento, apesar de hoje já haverem diversas evidências científicas de que muitos, além de não servirem para nada em termos de favorecer o nascimento, ainda pioram o desfecho com prognósticos maternos e fetais/neonatais ruins.

Podemos citar como exemplos de VO: depilação da região genital da parturiente, lavagem intestinal, indução desnecessária do trabalho de parto, episiotomia (corte no períneo), cesarianas desnecessárias, maus-tratos físicos ou verbais, procedimentos sem consentimento, isolamento, proibição de beber/comer, manobra de Kristeller (pressão no fundo uterino), amarrar a parturiente, impedir ou reprimir ela de gritar, chorar, sentir medo, e/ou definir posições de parto; e exemplos de VN: segurar e manipular o bebê sem cuidado, dar palmadas, colocar diretamente sobre mesas cirúrgicas metálicas/frias, deixar desnecessariamente longe da mãe, cesarianas eletivas, prematuridade iatrogênica, e realizar procedimentos dolorosos sem anestesia.

Esses hábitos médicos que se sobrepõem ao respeito pelo humano (SZEJER, 2020) muitas vezes também são decisões institucionais, ou decisões de gestores hospitalares, que propõem agilidade e economia nos atendimentos.

Os registros emocionais dessas violências, sejam conscientes ou inconscientes, podem permanecer tanto na mãe quanto no bebê. Qualquer agressão pode ser manifestada como um trauma, que pode ser carregado por muito tempo. "A atitude da equipe, como indiferença e desamparo, pode intensificar o temor materno, provocar dores intensas, ou, ao contrário, a inibição do trabalho de parto" (MORAES, 2001, p. 50).

Além disso, até os anos 80, os médicos que atuavam com perinatalidade acreditavam que os recém-nascidos não eram capazes de sentir dor devido a uma imaturidade do sistema nervoso (LAZNIK; COHEN, 2011), e essa ideia deixa reflexos ainda nos dias atuais, quando eventualmente se observa a maneira como alguns profissionais e instituições cuidam dos bebês.

Podemos ainda pensar um pouco além do nascimento: a assistência aos prematuros e recém-nascidos hospitalizados. Infelizmente ainda se observa a pouca utilização dos recursos que existem nas UTINeos para amenizar o sofrimento físico dos bebês. "Em média cada recém-nascido recebe 50 à 150 procedimentos potencialmente dolorosos ao dia; pacientes abaixo de 1kg, cerca de 500 ou mais intervenções dolorosas ao longo de sua internação" (LAZNIK; COHEN, 2011, p. 132).

Na grande maioria dos casos, o parto não é como uma doença a ser curada, mas sim um evento máximo de vitalidade. Psiquicamente, é considerado um momento de crise para a dinâmica familiar, quando a palavra pode reposicionar a circulação das pulsões, modificando a dinâmica obstétrica e até mesmo influenciando o andamento do trabalho de parto (acelerando, desacelerando ou parando as contrações), ou liberar um sintoma no pós-parto (seja físico, como uma hemorragia, ou emocionais, como uma depressão) por conta da interpretação desses significantes (SZEJER, 2020).

2.2 A PROPOSTA DA "HUMANIZAÇÃO" DA ASSISTÊNCIA

Psicologicamente, a melhor eficácia médica não é capaz de superar a potência dos rituais familiares que circundam o nascimento. São rituais que permitem controlar os excessos da experiência e das violências, que inscrevem simbolicamente a filiação (SZEJER, 2020).

Cavaler *et al.* (2018), ao estudarem as representações sociais do parto para mulheres, explicam que a Organização Mundial de Saúde (OMS) aponta que o objetivo da assistência "humanizada" no parto é intervir o mínimo possível, de maneira qualificada e sempre com segurança, visando à saúde da mãe e do bebê.

São recomendações da OMS:

> [...] o resgate da valorização da fisiologia do parto; o incentivo de uma relação de harmonia entre os avanços tecnológicos e a qualidade das relações humanas; além do respeito aos direitos de cidadania baseada nos pressupostos da humanização. (CAVALER, *et al.*, 2018, p. 979).

A "humanização" se refere, então, a um conjunto de práticas e valores, ao acolhimento, informação e orientação, consentimento, sempre ouvindo a família e se preocupando com seus cuidados, optando por práticas que visem reduzir as intervenções ao estritamente necessário, priorizando a condução natural e a dinâmica fisiológica de cada processo (CAVALER *et al.*, 2018), garantindo o direito ao acompanhante de escolha da mulher; aguardando o processo natural do trabalho de parto, se reservando a intervir somente quando preciso; respeitando a autonomia da parturiente de circular, gritar, chorar, se alimentar; mantendo o bebê sempre próximo da mãe, promovendo o contato pele à pele, promovendo o clampeamento tardio do cordão umbilical (permitindo que o bebê receba uma boa quantidade de sangue, que a placenta segue pulsando para seu corpo); permitindo que os pais falem com seu bebê, respeitando esse momento único para a família de um encontro inaugural com esse filho; evitando conversas paralelas e comentários desnecessários; e promovendo nos pais sentimento de segurança para os cuidados com o bebê.

Enquanto a humanização da assistência permite que a família "tome decisões, a violência obstétrica não dá opções, não respeita, impõe e gera maus-tratos" (ALVES, 2019, p. 192).

Pensando nos aspectos inconscientes que o parto desperta na mulher, Moraes (2001) explica sobre os benefícios de a mãe ser acolhida e "maternada" por quem a assiste, para poder receber bem o seu bebê, considerando que ser protegida é ser valorizada, em um momento de intenso egocentrismo e temor, vulnerabilidade física e emocional, e o atendimento que ela recebe faz diferença para que ela viva a experiência de uma maneira mais positiva, capaz de mobilizar nela comportamentos maternais, favorecendo o vínculo com a criança, diminuindo casos de rejeição do bebê e maus-tratos (MARCIANO, AMARAL, 2015; CAVALER et al., 2018).

O pós-parto imediato é um momento muito importante para a dupla mãe-bebê, já que é nesse primeiro contato com seu filho que a mulher volta a si, sai de todas as fantasias inconscientes, da "Partolândia", concretizando o que acabou de acontecer. Ela recobra a sua identidade perdida no estado de confusão que atinge durante o trabalho de parto. O filho, então, denota a especificidade do ato. Este, por sua vez, pode reconhecer sua mãe, trocar os primeiros olhares e toques com ela, compreendendo seu novo lugar a partir dessas referências que lhe são familiares da vida intrauterina.

Moraes (2001) explica que é no momento do nascimento que

> A natureza instintual da mãe e do bebê está propícia a realizar o apego entre os dois e, que traz com consequências a longo prazo, no que se refere à qualidade do amor e dos cuidados que a mãe irá prestar ao seu filho, bem como a capacidade futura do filho para amar a si próprio e aos outros, pois o vínculo entre mãe e bebê é o protótipo de todas as formas de amor. (MORAES, 2001, p. 49).

A possibilidade de a mãe desenvolver mais ou menos a capacidade de se ligar de modo íntimo com seu bebê depende de suas vivências anteriores, inclusive, e talvez principalmente, a experiência de ser cuidada (CAVALER *et al.*, 2018). Esses autores fazem uma reflexão sobre como as intervenções ambientais poderiam ser potencializadoras desse processo, considerando a maternidade, hospital, ou o ambiente do nascimento, seja qual for, como o primeiro espaço social compartilhado pela dupla, e como todas as interações vividas ali podem influenciar a forma como acontecerá a comunicação e as interações entre eles.

2.3 SOBRE OS BEBÊS

Até pouco tempo atrás (e – infelizmente – eventualmente ainda vemos essa visão sendo reproduzida), os bebês eram considerados pessoas incompletas, passivas, que não entendem, não sentem dor ou muito menos sofrimento emocional.

Sabemos que hoje há um crescente movimento de pesquisas e atuações clínicas que propõem um novo olhar sobre um bebê ativo em sua constituição e relação, e no contexto do nascimento esse bebê também é colocado como um dos protagonistas do evento, em que aquilo que ele pode sentir ou manifestar é levado em consideração.

Começando pela dor: a percepção da dor nos bebês é possível desde a 26ª semana (equivalente a 6 meses) de gestação "e os mecanismos inibitórios e moduladores da dor só se desenvolverão após o nascimento, fazendo com que sejam ainda mais sensíveis aos estímulos dolorosos" (LAZNIK; COHEN, 2011, p. 31). Szejer (1997) nos lembra que é a criança quem desencadeia o trabalho de parto, por meio de um sinal químico relacionado ao amadurecimento do seu pulmão, enviado e reconhecido pelo organismo da mãe, que então dá início às contrações. Podemos então concluir que o trabalho de parto se inicia somente a partir do momento em que o bebê está pronto para nascer?

Para ele (o bebê), nascer se trata muito mais de uma mudança ambiental do meio intra para o extrauterino, uma nova e significativa etapa que simbolicamente registra sua chegada na sociedade (SZEJER, 2020).

Dessa forma, seria relativa a ideia de que nascer é algo traumático, pois "o que é traumático não é o evento em si, mas a forma como ele ressoa na história de um sujeito" (SZEJER, 2020, p. 36). Segundo a autora, alguns pesquisadores acreditam, inclusive, que o bebê entra em um estado de sono que teria efeito anestésico para o parto.

Pensar na forma como o bebê será recepcionado em seu nascimento e proporcionar um parto sem violência acaba por suavizar a transição entre sua vida pré e pós-natal. Contribui para sentimentos de tranquilidade, segurança e confiança no bebê, mantendo a continuidade de suas referências, "fundando as bases do seu narcisismo em um ambiente seguro" (SZEJER, 2020, p. 37).

Dessa forma, podemos considerar a sensorialidade do bebê intraútero para pensar uma melhor recepção dele ao nascer. Para o recém-nascido, então, a comunicação imediata é essencial. Se colocado sobre a barriga da mãe, por exemplo, o bebê espontaneamente rasteja para o seio, isso se lhe for dado tempo, e ele reconhece o cheiro da pele e do leite, que são parecidos com o cheiro do líquido amniótico. Se a mãe não pode lhe dar uma resposta, o pai ou a equipe deve se dirigir a ele. "Falar com um bebê é significá-lo, reconhecê-lo como parte dos homens" (SZEJER, 2020, p. 38).

É importante lembrar que é só a partir das tecnologias das ultrassonografias, que surgiram nas últimas décadas, que se tornou possível estudar com profundidade o bebê intraútero.

Com os estudos de Marie-Claire Busnel e Anne Heron, por exemplo, foi possível entender que em torno da segunda metade da gestação o *feto* já dispõe de todas as capacidades sensoriais: tátil, auditiva, olfativa e gustativa, e visão (LAZNIK; COHEN, 2011). E ainda se verificou uma intersensorialidade que faz com que "As informações sensoriais memorizadas durante a vida fetal tenham um papel determinante no estabelecimento da relação do bebê a nascer com seu em torno físico e psíquico [...], sinal de uma aprendizagem sensorial é possível nos fetos, uma influência dessas sensações na vida afetiva do bebê após o nascimento" (LAZNIK; COHEN, 2011, p. 23).

A percepção tátil e a pele do bebê seriam talvez dois dos elementos mais importantes em sua forma de perceber e se relacionar com o mundo intra e extrauterino, e "as mensagens que o bebê recebe através da pele fornecem-lhe a descoberta da realidade externa e proporcionam-lhe as sensações de prazer ou desprazer" (LAZNIK; COHEN, 2011, p. 24). Dentro do útero o bebê é capaz de sentir uma pressão na barriga, movimentos da mãe ou ainda um irmão gêmeo, quando há. E tudo que ele sente é capaz de provocar respostas motoras.

O bebê engole mais líquido amniótico quando este está mais adocicado, mostrando a mesma preferência pelo sabor doce que os recém-nascidos têm. Além disso, suas preferências gustativas depois do nascimento são semelhantes aos sabores dos alimentos que a mãe ingeriu durante a gravidez.

> O recém-nascido prefere o som ao silêncio, entre os diferentes sons ele prefere a voz, entre as vozes prefere as vozes femininas, e entre elas a voz da sua mãe. Ele prefere também a língua falada por sua mãe a outras línguas, o que indica não somente que ele discriminações, mas também que reconhece como sendo semelhantes àqueles que ele escuta após o nascimento e. Isto revela uma continuidade transo natal de capacidades auditivas, o feto memoriza e se habitua aos sons mais familiares (LAZNIK; COHEN, 2011, p. 26).

Não é à toa que, "logo após o nascimento, o bebê já saiba a diferença entre a sua língua materna e outra língua qualquer" (PARLATO-OLIVEIRA, 2019, p. 48).

Sobre sua vida afetiva, ainda durante a gestação o bebê é capaz de discriminar diferentes emoções (como felicidade, medo e tristeza) por meio da percepção das diferentes entonações de voz e as mudanças fisiológicas maternas que as acompanham (como alteração dos batimentos cardíacos e liberação de certos hormônios). Isso provocaria uma memorização e reconhecimentos dessas emoções, que seria fundamental para sua experiência após o nascimento.

Portanto, esse bebê que ainda está sendo gestado não só memoriza essas sensações, como elas são capazes de influenciar suas preferências: "o bebê prefere aquilo que ele reconhece" (LAZNIK; COHEN, 2011, p. 25).

Outra pesquisa que nos fala muito sobre as competências do bebê foi a de Emese Nagy e Peter Molnarb, que contaram com a participação de 45 recém-nascidos de dois dias de vida para responderem a questão: os recém-nascidos são capazes de imitar?

A resposta foi afirmativa e recebeu um bônus inesperado: além de imitarem os gestos e expressões faciais dos pesquisadores (como sorrir, mostrar a língua, olhar para cima, levantar dois dedos, depois levantar três dedos, e realizar vocalizações), ao final da proposta, quando a pesquisadora agradeceu e se despediu dos bebês, eles reiniciaram os gestos espontaneamente, provocando a pesquisadora a continuar a interação (BUSNEL; MELGAÇO, 2013).

Podemos pensar no papel importante que tem a imitação neonatal nas questões interpessoais, além da noção de seu próprio corpo, e que seja incrível constatar que isso acontece desde o nascimento, visto que iniciar um gesto esperando uma resposta do adulto se trata de uma complexa habilidade social e de uma intersubjetividade inata!

Da mesma forma, Parlato-Oliveira (2021) vem pensando a forma como o bebê é capaz de fazer um reconhecimento de si por meio da noção de corpo e de *eu*. Ela propõe que pensemos os cinco sentidos de maneira integrada e se articulando, e que consideremos também outros dois sentidos: a propriocepção (que produz uma representação de si, as dimensões do corpo e o lugar que se ocupa) e o sistema vestibular (reconhecimento do seu posicionamento do espaço, capaz de proporcionar estabilização e movimento/manobras).

Essa rede cruzada de informações acontece de maneira inconsciente e integra a informação dos sentidos, organizando a experiência vivida e criando uma noção virtual de seu corpo. A pesquisadora acredita que já existe uma propriocepção intraútero, possivelmente diferente da do adulto, mas presente. Isso nos faz pensar que o bebê já tenha uma profunda percepção de seu corpo (PARLATO-OLIVEIRA, 2021).

A partir disso fica evidente que o bebê possui muitas capacidades, promovendo sua construção *de dentro para fora*, percebendo e realizando interpretações sobre tudo que acontece ao seu redor, de maneira ativa e complexa (PARLATO-OLIVEIRA, 2019).

Todo bebê é um ser único, e seu papel é determinante na sua constituição psíquica e sua singularidade, visto que quando ele interpreta aquilo que acontece em volta de si, ele organiza sua subjetividade, independentemente do seu interlocutor e da natureza (PARLATO-OLIVEIRA, 2019). A autora complementa ainda que essa interpretação que ele faz do entorno e dos objetos é fundamental para que ele possa se relacionar, e assim ele busca construir um conhecimento sobre o mundo, que ela chama de "saberes do bebê".

Parlato-Oliveira (2021) nos faz refletir sobre esse saber interpretativo e como ele faz com que passemos a reconhecer que

> O bebê vai além das sensações, ele constrói, desde o seu nascimento, percepções do que chega até ele. Esta é a forma ativa pela qual o sujeito interage com o que ele percebe, construindo para si verdades, que são atravessadas pelo que Lacan denomina: o real, imaginário e simbólico (p. 34).

2.4 DISCUSSÃO

A partir de tudo isso podemos pensar quem é esse bebê que nasce, o que ele sabe e do que ele pode precisar. E ainda podemos nos questionar sobre como a experiência de parto e nascimento pode impactar na vida psíquica, e quais inscrições ficam dessa experiência no bebê.

Não é mais possível pensarmos que um recém-nascido viva em um estado fusional do qual tenha que sair, já que, desde o útero, e através dos sistemas sinestésicos e proprioceptivos, ele tem capacidade de estabelecer um esquema corporal, e a consciência de si parece nascer dessa capacidade (PARLATO-OLIVEIRA, 2021). Com uma consciência de si é possível que se perceba sua mãe, ou outro cuidador, como um ser separado de si.

A partir da capacidade do bebê de interpretar o seu entorno e suas sensações corporais, podemos pensar também que ele é totalmente capaz de perceber as modificações que acontecem no seu campo visual, sonoro, olfativo, e isso tem um efeito no seu sistema vestibular, por exemplo, quando ele passa a sentir a ação da gravidade atuando em seu corpo, precisar respirar, ou também sentir a mudança de temperatura. Tudo isso imediatamente após o seu nascimento, o que provoca uma ruptura da sua vida fetal e dá início às relações da vida fora do útero (SZEJER, 2020).

O bebê, portanto, é capaz de entender que nasceu.

Nesse caso, nascer significaria muito mais uma mudança ecológica. Se lembrarmos das considerações de Busnel sobre as preferências do bebê por aquilo que lhe é familiar, essa transição pode ser amenizada a partir de ações durante a assistência ao nascimento (e após o evento) que possibilitem que suas referências sejam mantidas (daí a importância da proposta da "humanização" da assistência ao parto e nascimento).

Szejer nos lembra que "o bebê humano é destinado a falar, e por isso, é muito sensível às palavras que lhe são dirigidas" (SZEJER, 2016, p. 32). Pensando nisso, será então que existe uma chance de os eventos obstétricos gerarem repercussões no desenvolvimento e na vida afetiva do sujeito, na relação com sua mãe, ou em seu futuro?

É muito importante que "os sintomas após o nascimento sejam escutados como um pedido por parte da criança, de que sua história seja colocada em palavras" (SZEJER, 2020, p. 23), e só assim seremos capazes de compreender os registros produzidos na história de seu nascimento. A autora faz uma importante colocação sobre a interpretação que o bebê pode fazer sobre os acontecimentos em torno de seu nascimento:

> Para as primeiras castrações naturais que só se tornarão simbolizantes no pós-parto, pois nada no psiquismo se perde ou se cria, mas tudo pode se transformar. O objeto perdido será recuperado mais tarde pela linguagem, na fantasia, o que dará ao sujeito acesso ao desejo. Lidando com a experiência pelo sentido que essa separação terá para o sujeito, seja mais ou menos bem-sucedida, isto é, estruturante, e não fonte de trauma (SZEJER, 2020, p. 49).

Não é incomum ouvirmos pessoas falarem em "trauma do nascimento", que nascer seria algo traumático para o bebê. A questão é que o trauma não estaria relacionado ao evento em si, mas na forma como ele ressoa na história do sujeito.

No entanto, sabemos que a qualidade da assistência às famílias no parto tem o poder de prevenir ou amenizar o efeito de trauma que acompanha cada nascimento (SZEJER, 2020).

É na perspectiva da prevenção que se deve atuar, além das garantias dos direitos humanos.

Quando o bebê passa por uma experiência potencialmente traumática em seu nascimento são muitas as possibilidades sintomáticas, e é importante que fiquemos atentos ao que o bebê esteja nos comunicando, o sintoma do corpo pulsional, sobre esse o sofrimento neonatal, colocando-o em seu contexto subjetivo, ouvindo e interpretando-o, pois é preciso pôr em palavras o que lhe acontece.

Diante da violência, o bebê pode se "apagar em uma hipersonia, ou ainda ocupar constantemente a atenção da sua mãe através de uma agitação excessiva a fim de protegê-la, ou mesmo de a manter viva" (SZEJER, 2020, p. 36). Ou pode ainda "somatizar o drama da escolha entre a separação da mãe e um funcionamento uterino eminentemente mórbido, [...] permanecendo em busca de um estado pré-natal, como uma recusa" (IACONELLI, 2005, p. 5) diante de um mundo que o recebe de uma forma violenta, invasiva e desrespeitosa.

É preciso considerar também o impacto da violência obstétrica na mãe. Em minha experiência clínica, nem todas as mães que relatam terem vivido partos traumáticos têm dificuldade para se vincular ao seu bebê e materná-lo. Muitas, inclusive, se sentem motivadas a, por exemplo, viver a experiência da amamentação de maneira intensa, como se reparassem de alguma forma algo que foi perdido na experiência do parto. Outras relatam emocionadas que seus bebês lhes sorriem, com longos olhares, transmitindo serenidade, como se lhe dissessem "sei que foi difícil para você, mas eu estou bem, você vai ficar bem".

Nem toda violência obstétrica é capaz de destruir o encontro entre mãe e filho. Nele há uma possibilidade de se refazerem. O encontro pode ressignificar o narcisismo ferido pelas violências.

De todo modo, apesar dessa observação clínica, é possível também que as dificuldades de aleitamento materno, por exemplo, possam ser uma das consequências do trauma vivido no parto. Além de sentimento de culpa e dúvida a respeito da capacidade de maternar (DONELLI; CARON; LOPES, 2012), e até situações mais graves como maus-tratos à criança, depressões e psicoses puerperais (IACONELLI, 2005).

Cada reação à forma como se é atendida é muito singular, visto que toda mulher é atravessada por sua história, suas relações familiares, a forma como ela se percebe enquanto mulher e enquanto futura mãe, além do significado que cada gestação e cada filho tem para ela. Os acontecimentos durante o trabalho de parto equivaleriam a gatilhos interpretativos para sua maternidade e a relação com seu filho, que despertariam nelas emoções diversas, positivas ou negativas.

Considerando que não existe uma fusão emocional entre mãe e bebê, visto que o bebê tem uma consciência de si, como discutido anteriormente, podemos pensar que independentemente do estado emocional materno, alguns bebês seriam capazes de ficar bem, principalmente quando há um outro cuidador, como pai ou avó, também capaz de ocupar-se deles.

Esses bebês podem encontrar recursos internos para lidar com a distância de sua mãe, e seguirem seu desenvolvimento muito bem. Da mesma forma como alguns bebês podem protestar, sofrer ou sintomatizar diante de uma mãe que não responde a ele, que não consegue cuidar, investir nele.

A assistência respeitosa também coloca o bebê no lugar de sujeito, de necessidades e direitos, e promove um cuidado atento, considerando as particularidades não só físicas, mas também emocionais do momento.

Quando o bebê nasce, é importante que a mãe lhe fale, lhe diga quem é seu pai, ou que o próprio pai se declare responsável por ele. Isso o situa no código de linguagem e permite que formule o que sente, define seu lugar no mundo, possibilitando suas capacidades intelectuais e estimulando seus sistemas sensórios (ZVEITER, 2005; MARCIANO; AMARAL, 2015).

Existem também as situações adversas pós-natais, que exigem atenção ao neonato, como prematuridade, intervenções cirúrgicas, hospitalizações e situações em que a mãe não pode estar junto dele. É necessário que alguém converse com ele e o explique verbalmente por que sua mãe não pode estar ali (IACONELLI, 2005).

É importante também incentivar o contato pele a pele, considerando que o calor e o cheiro da mãe permitem que eles se restabeleçam mais rapidamente do que quando estão sendo atendidos longe da mãe, ou em uma incubadora. Assim o bebê conserva suas referências, mantém o laço com sua mãe, dando mais coerência para sua existência (MARCIANO; AMARAL, 2015).

CONCLUSÃO

Por muito tempo se pensou que o bebê intraútero e o recém-nascido fossem somente seres incompletos e incapazes de falar por si, de compreender o mundo ou, menos ainda, de fazer produções intencionais sobre ele. Discutir a maneira como nascemos exige também que pensemos o papel da família, da equipe, da instituição e da assistência, pois o bebê, como resultado final de todo o processo de parto e nascimento, circula entre todos eles.

Apesar de a proposta da humanização da assistência aos partos ser extremamente importante, ela ainda parece ser item "opcional", como um diferencial, dentro das instituições e entre os profissionais. Essa proposta deveria, na verdade, ser um requisito fundamental de qualquer atendimento, a qualquer ser humano, em qualquer momento da vida.

Como uma breve observação, diante do estranhamento com o termo "humanizado", parece que a escolha pelo termo talvez não se trate de pensarmos no seu oposto enquanto algo do não homem/animal, mas como algo do *desumano*, que não contempla a humanidade na relação, e desconsidera totalmente as necessidades e o lugar do outro.

O fato de muitas equipes hoje atuarem de maneira "humanizada" só nos mostra como é possível, mesmo nas condições mais precárias, prestar uma boa assistência. Em se tratando de nascimentos, e especificamente a assistência prestada aos recém-nascidos, podemos destacar a importância de serem preservadas suas referências ao estado pré-natal, mantendo-o sempre perto de sua mãe/cuidador e lhe garantindo um cuidado e olhar integral.

Qualquer intervenção desnecessária "desumaniza" o processo de nascimento, e ainda confirma as fantasias parentais de incapacidade de cuidar do seu filho e de responder às demandas de cuidados para/com ele. Ainda que a maneira como os pais vão se vincular à criança que nasceu não seja determinante para sua constituição psíquica, visto que a vida psíquica começa bem antes do nascimento, a família recém-nascida pode ter que lidar com um sofrimento desnecessário, que pode dificultar um momento de tanta vulnerabilidade emocional que é o puerpério.

É urgente que mudemos o posicionamento em relação às crianças, começando, simbolicamente, por esse primeiro grande encontro com a vida extrauterina, primeiras interações que sediarão o restante de sua jornada afetiva, e que merece um começo respeitoso, acolhedor, que o reconheça e valide enquanto sujeito, cidadão, merecedor de cuidados e detentor de direitos humanos universais.

Considerar que o recém-nascido é capaz de interpretar o que lhe acontece, provocar no outro uma interação, e todas as suas competências, mais ainda, nos faz olhar para eles de forma que esperemos deles muito mais, bem como a interpretação que ele fará de sua recepção neste mundo e a repercussão que isso poderá causar em sua vida.

Esse reconhecimento dos seus saberes promove um efeito transformador, permite que o profissional fale com ele, espere que ele responda, interpretando sua linguagem. Dar voz ao bebê, sem silenciá-lo, sem desvalorizar suas produções, e buscar junto a ele qual é a sua percepção sobre o que está acontecendo, informá-lo sobre o que estão fazendo com ele, o que esperam dele, o que preocupa seus pais, sempre esclarecendo para ele o que acontece e seu entorno, para que ele possa saber sua origem, e a de sua família (PARLATO-OLIVEIRA, 2019).

O papel do profissional *psi* nesse contexto é importantíssimo para verificar as repercussões emocionais, além de poder trocar com outras áreas do saber, como Obstetrícia e Pediatria, e intervir sobre o sofrimento psíquico decorrente desses eventos, já que, como seres biopsicossociais, nascer não se trata apenas de um evento fisiológico, assim como não basta apenas garantir que haja uma sobrevivência. Afinal, sentir-se amado é uma das maneiras de se sentir vivo.

REFERÊNCIAS

ALVES, Maria Bianca Lopes. **Parto humanizado na percepção da psicologia hospitalar**: a importância da presença do acompanhante. Mar, 2019. Disponível em: https://psicologado.com.br/atuacao/psicologia-hospitalar/parto-humanizado-na-percepcao-dapsicologia-hospitalar-a-importancia-da-presenca-do-acompanhante. Acesso em: 2 out. 2019.

BUSNEL, Marie-Claire; MELGAÇO, Rosely Gazire. **O bebê e as palavras**: uma visão transdisciplinar sobre o bebê. São Paulo: Instituto Langage, 2013.

CAVALER, Camila Maffioleti; CASTRO, Amanda; FIGUEIREDO, Raíssa Cardoso; ARAÚJO, Tatiane Neves. Representações sociais do parto para mulheres. **Id On Line**, Revista Multidisciplinar e de Psicologia, Jaboatão dos Guararapes, 2018, p. 977-990. Disponível em: https://idonline.emnuvens.com.br/id/article/view/1158/1859. Acesso em 02 out 2019.

COUVERT, Marie. **A clínica pulsional do bebê**. São Paulo: Instituto Langage, 2020.

DONELLI, Tagna Schneider; CARON, Nara Amália; LOPES, Rita de Cássia Sobreira. A experiência materna do parto: confronto de desamparos. **Revista de psicanálise – SPPA**, Porto Alegre, v. 19, n. 2, p. 314-395, ago. 2012.

IACONELLI, Vera. Maternidade e erotismo na modernidade: assepsia do impensável na cena de parto. **Revista Percurso**, São Paulo, n. 34, p. 77-84, 2005. Disponível em: http://institutogerar.com.br/wp-content/uploads/2017/02/maternidade-e-erotismo-na contemporaneidade.pdf. Acesso em: 2 out. 2019.

LAZNIK, Marie Christine; COHEN, David. **Os bebês e seus intérpretes**: clínica e pesquisa. São Paulo: Instituto Langage, 2011.

MARCIANO, Rafaela Paula; AMARAL, Waldemar Naves do. O vínculo mãe-bebê da gestação ao pós-parto: uma revisão sistemática de artigos empíricos publicados na língua portuguesa. **Revista Femina**, Goiânia, v. 43, n. 4, jul./ago., 2015. Disponível em: http://files.bvs.br/upload/S/0100-7254/2015/v43n4/a5307.pdf. Acesso em: 2 out. 2019.

MORAES, Maria Helena Cruz de. **Os fenômenos emocionais envolvidos na prática médica**: um estudo das interações médico residente – parturiente. 2001. Dissertação (Mestrado em Psicologia) – Centro de Filosofia e Ciências Humanas, Universidade Federal de Santa Catarina. Florianópolis, 2001.

PARLATO-OLIVEIRA, Erika. **2+5=7, Sentidos da percepção humana**. Seminário aberto. Instituto Langage e La Cause des Bebês, em 27 maio 2021.

PARLATO-OLIVEIRA, Erika. **Saberes do bebê**. São Paulo: Instituto Langage, 2019.

SZEJER, Myriam; STEWART, T. **Nove meses na vida da mulher**: uma aproximação psicanalítica da gravidez e do nascimento. São Paulo: Casa do Psicólogo, 1997.

SZEJER, Myriam. **Se os bebês falassem**. São Paulo: Instituo Langage, 2016.

SZEJER, Myriam. **Questões éticas em torno do nascimento**. São Paulo: Instituto Langage, 2020.

WINNICOTT, Donald W. **O ambiente e os processos de maturação**: estudos sobre a teoria do desenvolvimento emocional. Porto Alegre: Artes Médicas, 1983.

ZVEITER, Marcele. O que pode ser traumático no nascimento? **Revista Latinoamericana de Psicopatologia Fundamental**, São Paulo, v. 8 n. 4, 2005. Disponível em: http://dx.doi.org/10.1590/1415-47142005004009. Acesso em: 1 out. 2019.

3

O MANEJO CLÍNICO DO OBJETO AUTÍSTICO A PARTIR DE FRANCES TUSTIN E JEAN-CLAUDE MALEVAL

Valnei Pinto Macedo Júnior
Ricardo Pinheiro Maia Júnior
Clauberson Sales do Nascimento Rios
Karla Patrícia Holanda Martins

INTRODUÇÃO

A temática do autismo pela clínica psicanalítica se destaca pela importância que a teoria fundada por Freud dedica aos tempos constituintes do psiquismo e seus efeitos na vida ulterior. Ainda nesse sentido, a psicanálise permanece tanto como teoria quanto como prática e método de investigação. E, assim, desenvolve-se constantemente a partir da soberania da clínica. Retomar, então, o trabalho clínico de psicanalistas que privilegiam o tempo e as construções subjetivas torna-se imprescindível numa contemporaneidade marcada pelo discurso tecnocientífico que trata de apagar marcas singulares e as toma pela via de uma domesticalização e adestramento social.

Dada essa situação, certos questionamentos prévios em relação à questão central do presente trabalho foram levantados, no tocante à baixa representatividade da psicanálise mediante as abordagens comportamentais, assim como as contribuições e possibilidades interventivas relevantes apresentadas a partir da clínica psicanalítica do autismo.

Na tentativa de entender a possível discriminação sofrida pela teoria psicanalítica, faremos um resgate histórico da relação entre a psicanálise, sua prática com o autismo e o campo das construções psicopatológicas. A partir de então, tem-se a oportunidade de desdobrar os questionamentos iniciais em um recorte mais específico e apresentar o objetivo deste capítulo.

Em 1943, quando Leo Kanner caracterizou o quadro clínico do autismo, considerando-o como uma síndrome de desordem das relações desse sujeito com o outro, sobretudo para com seus cuidadores, destacou seus dois principais critérios, a postura defensiva de isolamento e a obsessão por se manter imutável (KANNER, 1943). O autismo tal como descrito por Kanner ainda passaria por controversas mudanças em sua construção diagnóstica; por exemplo, a indicação de um quadro marcado pelo fenômeno de isolamento acompanhado pelo que fora interpretado como uma frieza parental foi reconsiderado por Leo Kanner em 1968. Todavia, a difusão do termo "mãe geladeira" por psicanalistas americanos causou severos embaraços para o posicionamento do trabalho psicanalítico com crianças autistas e suas famílias na cultura que repercute até a atualidade (FERREIRA, 2014).

Acrescenta-se a essas dificuldades uma ruptura na relação psicopatológica entre a psicanálise e a psiquiatria, como aponta Dunker (2014), capaz de gerar diversos conflitos conceituais e de interesses. O corporativismo médico se impôs, reformulando conceitos e retirando termos psicanalíticos relevantes dos manuais diagnósticos, sobretudo a partir do DSM-3 (1973-1974), causando, assim, prejuízos constantes na representatividade do saber psicanalítico, que passa a ser cada vez mais discriminado e atacado. No caso do diagnóstico do autismo não foi diferente.

Considerado por muitos controverso, o diagnóstico do autismo passou por algumas modificações, englobando outras patologias, o que dificulta um reconhecimento diagnóstico mais preciso, ao mesmo tempo em que passa a identificar diagnosticamente uma gama maior de sujeitos, de forma vaga. O resultado das mudanças diagnósticas questionáveis é o que muitos têm chamado de epidemia diagnóstica do autismo (LIMA, 2020).

Muito se discute sobre a influência mercadológica dos laboratórios de medicamentos e seus ganhos astronômicos com psicofármacos voltados aos tratamentos psiquiátricos de modo geral. O saber médico parece ter encontrado um novo aliado capaz de complementar o seu fazer. Este diz respeito às terapias comportamentais que, tais como os remédios, apenas são aplicadas, sem que se questione o desejo do sujeito que aquele corpo habita. Enquanto na psicanálise busca-se a escuta do referido sujeito, tendo o intuito de compreender seu funcionamento subjetivo.

É importante entender a dimensão do conceito de escuta para a psicanálise, se não, como propor a escuta de um sujeito que muitas vezes sequer fala, muito menos associa livremente? A resposta para essa pergunta toca um ponto fundante da psicanálise. Diante do fenômeno histérico, Sigmund Freud é confrontado por um não dito, que o leva à escuta de um corpo que fala. A psicanálise propõe a realização de um tratamento a partir da escuta do inconsciente, que se manifesta por meios complexos. No caso do autismo, aposta-se que, embora mesmo estando muitas vezes fora do discurso, mas não da linguagem, se faça possível a leitura do modo como se relacionam com os objetos, do lugar do corpo e de seus gestos, produzindo subsídios para a construção de hipóteses interventivas, a fim de promover o deslocamento da posição do sujeito.

Um exemplo da aposta no sujeito do inconsciente e do tratamento psicanalítico do fenômeno autista foi apresentado em um caso no ano de 1930, atendido por Melane Klein, conhecido como caso Dick, que, apesar de apresentar as mesmas questões contemporâneas do dito autismo, chegou à clínica encaminhado com o diagnóstico de demência precoce, pois na data ainda não havia a classificação clínica do autismo, classificada somente 13 anos depois, na ocasião da publicação do artigo de Leo Kanner (FURTADO *et al.*, 2021).

Melanie Klein, considerada uma das pioneiras da clínica psicanalítica infantil, influenciou vários psicanalistas, principalmente da Escola Inglesa, os chamados pós-kleinianos, os quais construíram seus percursos teórico-investigativos formulando novos conceitos. No campo da clínica do autismo, destaca-se Frances Tustin, primeira terapeuta a considerar a dimensão do corpo no tratamento do fenômeno autístico e dar ênfase à relação do sujeito dito autista e seu objeto no tratamento.

Assim como Sigmund Freud, Jacques Lacan também não atendeu ao sujeito do qual o termo autismo se refere, porém realizou supervisões que o contemplavam, referindo e produzindo falas importantes voltadas à temática, substanciando materiais para que seus contemporâneos os desenvolvessem. O pensamento lacaniano contribuiu para elaborações acerca dos processos constituintes do psiquismo e das relações objetais do sujeito do inconsciente, influenciando assim na construção teórica e prática clínica de vários autores, dentre eles, Maleval.

Tendo em vista que o próprio campo psicanalítico é rico de produções sobre o fenômeno do autismo, o recorte teórico proposto neste capítulo trabalha especificamente com a perspectiva de dois autores: Frances Tustin, psicanalista inglesa que mantém interlocução com os trabalhos de Klein e de Winnicott; e Jean-Claude Maleval, psicanalista francês contemporâneo que segue uma linha de orientação lacaniana e investiga também os processos autísticos.

Ambos os autores apresentam contribuições clínicas relevantes sobre o autismo e fornecem perspectivas sobre o manejo clínico e o trabalho realizado por autistas nas relações objetais, evidenciando as variadas possibilidades de utilização dos objetos autísticos na condução do tratamento psicanalítico.

Com o desdobramento dos questionamentos iniciais e um breve resgate histórico, chega-se a aspectos específicos do tratamento psicanalítico com crianças autistas. Nessa especificidade, reconhecendo a relevância de tal saber para a formulação de intervenções potenciais, o presente capítulo destaca a importância dos objetos autísticos no manejo clínico e questiona, a partir do referencial teórico de Tustin e Maleval, qual tratamento possível pode ser dado ao investimento num objeto autístico na perspectiva da clínica psicanalítica.

3.1 DIFERENÇAS ENTRE AS SAÍDAS PROPOSTAS PELO MONOPÓLIO CIENTÍFICO E A PROPOSTA PSICANALÍTICA PARA O AUTISMO

Considerado um dos pioneiros da psiquiatria infantil, o psiquiatra austríaco Leo Kanner (1894-1981) realizou estudos detalhados pela primeira vez na, então, recente categoria clínica do transtorno autístico em 1943, ao lançar seu primeiro artigo sobre o tema, intitulado *Autistic Disturbances of Affective Contact*. Leo Kanner desenvolveu sua carreira nos Estados Unidos da América. Não possuía formação na área de psiquiatria infantil até trabalhar por três anos com o psiquiatra e psicanalista Adolph Meyer, recebendo após isso, em 1930, o serviço de psiquiatria infantil do Hospital John Hopkins (FURTADO, 2011).

Segundo Furtado (2011), o termo autismo está historicamente ligado à psicanálise desde a sua nomenclatura, um neologismo criado por Paul Eugen Bleuler e que seria uma alusão ao termo autoerotismo. O fato gerou um firme posicionamento contrário por parte de Sigmund Freud. Embora não tenha atendido a casos de autismo ou escrito diretamente sobre, Sigmund Freud deixou em sua obra elementos para o estudo da constituição subjetiva, ficando ao encargo dos seus contemporâneos a construção clínica a partir do sujeito do inconsciente.

Segundo Maleval (2004), Leo Kanner define o autismo como uma síndrome causadora de desordem, sobretudo na relação da criança com o outro. O autor segue afirmando existir uma apatia em relação à presença do outro, inclusive com seus cuidadores, assumindo uma postura de autossuficiência, colocando-se em isolamento autístico, evitando o que vem do mundo externo, que para o sujeito o é invasivo, pois há um certo pavor com tudo o que venha a causar mudança em seu estado. Diante desse levantamento, Maleval (2004) afirma que a insistência pelo isolamento e a obsessiva imutabilidade seriam, para Leo Kanner, os principais critérios diagnósticos do autismo infantil precoce. Embora ainda não seja considerado pelos manuais diagnósticos da época.

Do ponto de vista psicopatológico, a psicanálise orientou durante os anos de 1900 a 1950 os fundamentos da classificação norte-americana das doenças mentais (DUNKER, 2014). Em 1952, foi desenvolvido pela Associação Psiquiátrica Americana, o sistema DSM – Manual de Diagnóstico e Estatístico de Transtornos Mentais –, recebendo forte influência do sistema diagnóstico de Adolf Meyer em sua primeira versão (DUNKER, 2014), atualmente vigente em sua quinta edição.

Desde a sua criação, o DSM tem passado por várias reformulações. As reformulações dos manuais diagnósticos causaram ao longo dos anos manifestações e protestos, geraram insatisfações e rupturas. O maior acirramento dessas manifestações aconteceu a partir do DSM-3 (1973-1974) com a retirada de termos psicanalíticos, ocorrendo o que Dunker (2014, p. 89) denomina de "novos eixos e o expurgo psicanalítico". O autor diz que "a subtração da psiconeurose ao DSM-3 torna-se o símbolo do fim do falido casamento psicopatológico entre psicanálise e psiquiatria" (DUNKER, 2014, p. 92).

A partir da edição mais recente, o DSM-5, o transtorno autista passou a chamar Transtorno do Espectro Autista (TEA), fundindo-se aos transtornos de Asperger e Transtorno Global do Desenvolvimento (TGD) (AMERICAN PSYCHIATRIC ASSOCIATION, 2014). De acordo com o DSM-5, o autismo é um transtorno de neurodesenvolvimento que apresenta como principais características: prejuízos na comunicação social recíproca e na interação social, padronização restrita de comportamento e interesses ou atividades (AMERICAN PSYCHIATRIC ASSOCIATION, 2014). O autismo pode se manifestar de variados modos, conforme a gravidade dessa condição, do nível de desenvolvimento e da idade do sujeito (AMERICAN PSYCHIATRIC ASSOCIATION, 2014).

O controverso diagnóstico de autismo é a causa de muitas discussões e desentendimentos. O modelo diagnóstico nosográfico é, para seus críticos, corresponsável por uma epidemia diagnóstica alarmante. Segundo pesquisa recente, de 2014, a cada 68 crianças nos Estados Unidos da América, uma seria autista (BRACKS; CALAZANS, 2018). Laurent (2017) questiona qual modificação genética faria com que uma síndrome passasse a detectar de uma em cada mil crianças para, de uma em cada 68 crianças, durante o espaço de apenas 30 anos.

Furtado (2012, p. 66) toca em um dos pontos de maior criticidade da psicanálise para com esse diagnóstico, a associação da ciência com o discurso capitalista e sua ideologia, e questiona: "como respeitar as diferenças diante de uma categorização diagnóstica fluida, sustentada por hipóteses (hipertrofiadas) genéticas e estatísticas?".

Elia (2014) aponta para uma falsa ciência que restringe os objetos a serem investigados por métodos que conservem os caracteres positivos desse objeto, tais como: observação, mensuração e quantificação. Chama a atenção para o fator excludente da falsa ciência, que, ao conseguir sua afirmação, alega para si o monopólio da verdade científica. Sendo assim, as práticas científicas que não se adequam ao seu modelo não podem ser consideradas produtoras de saber científico. Considerando essa falácia, a qual provoca o empoderamento de alguns pela ideologia neoliberal que domina as estruturas políticas da sociedade e baliza pela lógica do lucro "o que é ciência". Portanto, onde for "oportuno" e recomendável investimento, inclusive de políticas públicas, estrutura-se o monopólio de um saber científico reducionista e de interesse de alguns segmentos.

Sabe-se que 52% dos pesquisadores que contribuíram com a elaboração do DSM-5 declararam ligações formais e recebimento de remuneração da indústria farmacêutica (DUNKER, 2014). A alegação por parte dos psicanalistas é de que a epidemia diagnóstica do autismo seria algo criado para movimentar um mercado de patologias, beneficiando a indústria farmacêutica, assim como serviços médicos e outros demais, inclusive privilegiando tratamentos psicológicos, segundo Laurent (2014), com a utilização apenas de técnicas comportamentais.

Fica evidente que a discriminação e perseguição sofridas pela psicanálise no campo do autismo trata-se de uma estratégia política, pois, considerando a proposta psicanalítica, "não existe nenhuma incompatibilidade entre o campo dos sujeitos e o campo dos fatores neurológicos eventualmente encontrados nas pesquisas sobre o autismo" (ELIA, 2014, p. 22).

A aproximação entre Medicina e Psicologia Comportamental, que toma por base associações de fatores neurobiológicos vagos e respostas adaptativas ao meio social, contribui para a sustentação do ideário transtornalizante do DSM, que expande o conceito diagnóstico de forma ilógica, para um espectro que abarca características questionavelmente tão variadas (ELIA, 2014).

As terapêuticas comportamentais trabalham objetivando aquilo que o indivíduo traz manifestamente em seus atos e, de certa forma, atuam em prol de uma normatização. Assim, como propor uma reeducação sem que se considere a subjetividade de um sujeito de funcionamento atípico e fechado em si? Entende-se com isso que, ao não considerar e nem respeitar a forma de existência do outro, emerge a capacidade de propor e aplicar métodos de condicionamento que objetivam um comportamento ideal ou socialmente aceitável.

É importante que se destaque o grau de estruturação com o qual o ideário do monopólio científico avança, visando ao sufocamento estratégico das outras formas de saber.

Sobre a estruturação desse monopólio, Elia (2014, p. 33) questiona:

> E acaso não é esta a ideologia, ela própria, a maior expressão do monopólio do que se considera "ciência" hoje, nas universidades, nas agências oficiais de fomento à pesquisa, na gestão pública, na imprensa (que, embora não faça parte de nenhuma forma de colegiado acadêmico-científico, não poderia faltar na escalação do time, pois modela o "pensamento" da massa) e, portanto, em grande parte da população, sem que nada indique que é de ciência que se trata?

Laurent (2017) defende que o autismo é sobredeterminado, podendo haver fatores genéticos, ambientais ou de outras ordens da interação, porém admite não haver certezas. Nesse sentido, Elia (2014, p. 24) declara que "a psicanálise não nega o organismo, o cérebro, os fatores neurofisiológicos que puderem ser identificados na etiologia do autismo", e complementa afirmando que "a psicanálise que opera e trabalha em outra direção, que é a sua, a do sujeito do inconsciente".

No que se refere à questão que fomenta este trabalho, o manejo do objeto autístico para o tratamento do sujeito dito autista, abordagens comportamentalistas e psicanalíticas parecem apontar para direções quase sempre contrárias. Abordagens comportamentalistas também propõem um tratamento direcionado à utilização do objeto autístico pelo sujeito, porém com formas e propósitos distintos da sugerida pela psicanálise.

Intervenções das abordagens de reeducação comportamental consideram o uso supostamente estereotipado do objeto autístico como um comportamento anormal, portanto, trabalha-se no sentido de retirar esse comportamento utilizando-se de meios educativos (MALEVAL, 2009a).

Por essa perspectiva, entende-se que o abandono do uso do objeto autístico é considerado um avanço no tratamento do sujeito. Nesse ponto, aproxima-se do que defendem algumas teorias psicanalíticas da clínica do autismo. Porém, de modo geral, na ótica psicanalítica, por sua ética ser contrária a qualquer normatização, busca-se compreender a utilização do objeto em sua ordem relacional, partindo da suposição do funcionamento subjetivo de cada sujeito, em vez de se fundamentar em resultados de causa e efeito do binário estímulo e reforço, o qual busca deslocar o sujeito do seu ato espontâneo para um padrão socialmente aceitável, assim o silenciando.

A abordagem comportamental impõe uma reeducação a partir de sobrepostos normatizantes, objetivando um comportamento o mais aproximado de um ideal, resultando no apagamento da existência subjetiva do sujeito para o mundo externo, enquanto na psicanálise busca-se escutar o sujeito com o intuito de compreender seu funcionamento subjetivo. Eis aí uma das principais diferenças entre a proposta psicanalítica e a comportamental.

3.2 A CLÍNICA DO AUTISMO POR FRANCES TUSTIN

Frances Tustin (1913-1994), psicanalista inglesa, foi uma das primeiras a perceber e dar grande importância à relação do autismo e sua dimensão corporal, utilizada pelo sujeito como uma estratégia de autoproteção a um vazio crônico da separação. Recebeu, inicialmente, forte influência de Melanie Klein e outros analistas da Escola Inglesa, passando a ser sua crítica mais adiante, embora mantivesse traços de sua influência. Donald Winnicott também exerceu grande influência sobre sua teoria, de quem, segundo Ferreira (2014, p. 46), "utilizou largamente a ideia de *holding, handling*, mãe suficientemente boa e objetos transicionais em complementação à sua ideia de objetos autísticos". A autora é conhecida por interagir com psicanalistas de diversas escolas e variados campos do saber fora da psicanálise.

É importante considerar que Tustin apresenta, durante o seu percurso, muitas revisões teóricas, inclusive sobre os tipos de objetos, dentre outros conceitos, o que caracteriza seu trabalho, ao mesmo tempo que demanda bastante cuidado no apontamento de suas construções conceituais.

A autora classificou inicialmente três formas de autismo em seu trabalho intitulado *Autism and Childhood Psychosis* (1972), sendo essas classificações revisadas e modificadas posteriormente em *Autistic States in Children* (1981); o Autismo Primário Anormal (APA), retirado após revisão; Autismo Secundário Regressivo (ASR), que após revisão passou a ser chamado de Autismo Confusional, subdividido em tipo engolfamento e tipo fragmentado; e a classificação de maior relação a esse trabalho, o Autismo Secundário Encapsulado, que, após revisão, passou a ser chamado apenas de Encapsulamento, subdividido em tipo concha e de segmentos (TUSTIN, 1981/1984).

Sendo assim, este trabalho se trata da observação direcionada ao sujeito acometido pelo que foi denominado originalmente por Leo Kanner, em 1943, como Autismo Infantil Precoce ou Encapsulamento, segundo Tustin (1981).

A autora entende o encapsulamento como o autismo que se desenvolve por meio de um funcionamento de defesa que objetiva evitar a associação do sujeito à dolorosa experiência de separação corporal da unidade materna, entendida como *continuum seu*, evento ocorrido em momento remoto, quando o sujeito ainda não possuía maturidade psíquica para suportar tamanha ruptura, produzindo um sentimento de aniquilação que é interpretado como uma ameaça constante ao sujeito. Tal encapsulamento é uma estratégia de evitação às dinâmicas do ambiente e da influência de terceiros, principalmente cuidadores, para que o sujeito permaneça em seu estado de estagnação, com isso, mantendo-se distante da erupção da consciência de separação.

Laurent (2014, p. 54) parece concordar com Tustin ao afirmar que "a fragmentação do corpo por seus órgãos é superada ao preço da reclusão numa 'carapaça', como alguns a chamam". Carapaça é uma das expressões análogas ao encapsulamento utilizada por Tustin. Para se manter em sua condição de encapsulamento, o sujeito utiliza de soluções autísticas para sustentar uma ilusória onipotência sobre objetos e formas autísticas, o que lhe dá as sensações de existência e controle.

Ao longo de sua clínica do autismo, Tustin pode perceber um mecanismo de funcionamento de atividades autossensuais (estas serão detalhadas na seção a seguir), sendo ela pioneira nessa abordagem, o que pode ter sido a sua maior contribuição teórica. A experiência clínica a possibilitou criar vários conceitos relacionados ao tratamento do autismo, dentre eles o conceito de formas e objetos autísticos, sendo que as formas dariam origem aos objetos.

3.2.1 Formas autísticas

Embora se trate de um fenômeno anterior, a ideia de formas autísticas foi concebida por Tustin após a formulação do conceito de objetos autísticos e conceituada somente em 1984, em seu artigo intitulado *Autistic Shapes*. Segundo a autora, essas atividades teriam início na infância precoce ou ainda no estágio uterino. Essa hipótese partiu de situações clínicas em que os pacientes demonstravam, ou até mesmo contavam-lhe sobre as sensações. A descoberta das formas autísticas apenas foi possível pelo relato e indicação de pacientes que irromperam de seus autismos (FERREIRA, 2014).

A elaboração de formas corporais é comum entre todas as crianças, inclusive nas entendidas como normais. Trata-se da busca de sensações corporais que surgem de forma instantânea, mas que vão sendo aprendidas pela criança até que se tornam autoinduzidas, pela utilização de substâncias corporais macias, como saliva, muco, vômito, comida na boca, fezes, urina, dentre outras (FERREIRA, 2014).

A experiência da criação de formas é importante para o desenvolvimento cognitivo, emocional e estético da criança. Quando se trata de crianças autistas, há uma atipia no desenvolvimento dessa experiência que lhe dá um caráter artificial (FERREIRA; ABRÃO, 2014). Nesses casos, foram observadas práticas que causam alguma impressão na superfície do corpo, como a manipulação das fezes no ânus, manipulação do catarro no nariz, a produção de bolhas de saliva, assim como também relatos da criação de formas ao contorcer o corpo e ao balançar como pêndulo (FERREIRA; ABRÃO, 2014.). Tustin reforça, ainda, a possibilidade da existência de outras práticas não perceptíveis e não comentadas pelo sujeito autista.

Substâncias não corporais e brinquedos de características maleáveis também podem ser utilizados com a mesma representação, pois, para esse sujeito, todos os agentes possuem uma única finalidade, produzir formas. É importante também apontar para o fator peculiar das produções de formas autísticas. Tustin relata o fato da maneira diferenciada de apreensão das sensações por parte do sujeito dito autista, cujas modalidades sensoriais, como ver, ouvir, cheirar, são muitas vezes experimentadas como uma sensação tátil (TUSTIN, 1981/1984). A autora chama a atenção para a captação da voz do outro por parte dos autistas que, segundo ela, pode ser apreendida como forma tranquilizadora, atribuindo à essa dinâmica a razão da suspeita comum de deficiência auditiva antes do diagnóstico de autismo dos sujeitos (FERREIRA; ABRÃO, 2014).

Compreende-se que apesar de todas as peculiaridades e vastas maneiras de experimentação e de produção das formas autísticas, há pelo menos algo em comum, a sua finalidade. O sujeito autista se apropria de maneira alienante dessa atividade para poder colocar-se em posição ativa, o que lhe proporciona a sensação de existência, substituindo ou mascarando o vazio crônico adquirido na experiência original de separação da mãe, entendida como parte sua.

3.2.2 Objetos autísticos

Anteriormente à descoberta das formas autísticas, Tustin já havia percebido a relação dos sujeitos ditos autistas com alguns objetos, buscando as sensações corporais que esses provocavam. "Suas reações são unicamente baseadas nos contornos e delineação: significado e função não são levados em conta" (TUSTIN, 1981/1984, p. 129). A esses objetos foi dado o nome de objetos autísticos, considerados pela autora como objetos patológicos que possuem a função de "neutralizar qualquer percepção da existência – intolerável e ameaçadora demais" (TUSTIN, 1972/1975, p. 75). Esses objetos, segundo Tustin, possuem como característica em comum a sua consistência material. São objetos duros que permitem uma sensação de definição do seu contorno e não demonstram associar-se a uma produção simbólica. "Tais objetos duros são sentidos como partes do seu corpo" (TUSTIN, 1981/1984, p. 150).

Tustin relata que, para alguns desses sujeitos, o objeto autístico teria propriedades mágicas, como um talismã, causando um sentimento de proteção que o guarda da sensação de separação da mãe, o seu maior pavor. Essa forma de funcionamento e envolvimento do sujeito com o objeto autístico torna-se prejudicial à medida que essas crianças, ao sentirem-se protegidas por tais objetos, em uma postura de autossuficiência, tendem a encapsular-se, fechando-se e negando as tentativas de ajuda externa em uma atividade sem experiências transicionais, portanto, não simbólicas. O fechamento ao simbolismo causado pela relação do sujeito e seu objeto, para a autora, resultaria, por exemplo, no uso inadequado das palavras, restringindo-as à produção de falas repetitivas e ecolálicas (FERREIRA; ABRÃO, 2014).

A psicanalista reconhece que, ao retirar o objeto autístico do sujeito, este parece experimentar uma sensação de separação do próprio corpo. Ela alega que a dificuldade apresentada pelo sujeito dito autista durante a experiência de retirada do objeto o conecta com a lembrança de uma perda ilusória e precoce da mãe, a qual é sentida como parte do seu corpo. Sendo assim, a retirada do objeto autístico para esse sujeito seria equivalente a reviver a experiência da separação do seu próprio corpo.

A criança autista experimenta a sensação de vazio e nulidade. Tal sensação de vazio é preenchida pelo objeto autístico, o que explica o desespero quando o objeto é retirado dela. A intensidade do laço do sujeito com o seu objeto é também usada por Tustin como exemplo da nocividade dessa relação devido à sensação de desespero no caso de sua quebra, pois é para a criança essencial à sua sobrevivência, o que a faz rapidamente eleger um novo objeto (TUSTIN, 1981/1984).

Embora mantenha um posicionamento contrário à utilização do objeto autístico para o tratamento do sujeito, a autora reconhece que a sua retirada precoce pode acarretar intensificação do seu autismo ou até mesmo desenvolver características fóbicas. Sobre o manejo dessa retirada, ela orienta:

> Não pode ser feito de maneira brusca e mecânica. Precisamos esperar pacientemente pelo tempo apro-

priado, quando pudermos mostrar a eles que, apesar de sua imprevisibilidade e mortalidade, os seres humanos fornecem apoio mais eficaz e sustentado do que esses objetos imbuídos de auto-sensualidade excessiva (TUSTIN, 1981/1984, p. 144).

Depreende-se que, para Tustin, a retirada do objeto autístico é parte significativa do tratamento. Isso pode ser deduzido com sua alegação de que, a partir da retirada desse objeto, "a criança pode começar a aprender com a experiência e pode ser ajudada a fazer as distinções e integrações básicas que são naturais ao desenvolvimento normal" (TUSTIN, 1981/1984, p. 147). A afirmativa exprime uma evidência do caráter desenvolvimentista com o qual a autora lança seu olhar sobre o fenômeno do autismo. Articulando o que já foi posto, supõe-se, inclusive, que a retirada do objeto autístico seja utilizada para forjar uma dor no sujeito, o que modificaria a insulação autística a partir do sofrimento sentido.

Tustin ainda aponta para o fato de que os objetos não são considerados substitutos temporários de seus cuidadores, evitados pelo próprio sujeito, mas sim como a representação de valor da pessoa em si, pois geram a sensação de proteção e completude desejada, o que sustenta sua postura em uma pseudo autossuficiência.

Há ausência de ajuste entre ilusão e realidade do sujeito dito autista, o que explicaria sua incapacidade de desenvolver a fantasia. A autora evidencia a diferença entre o objeto autístico como a primeira possessão-eu, e o fenômeno transicional como a primeira possessão não-eu. Enquanto no primeiro o sujeito fecha-se para o mundo e cria elementos falsos e desviantes, a fim de substituir sua falta crônica, em uma relação de dimensão onipotente de controle do objeto, evitando o surgimento da expectativa de uma realização e seu contato com o mundo externo; no segundo, embora seja sustentada uma dimensão parcial de controle, há o estabelecimento de ligação entre fantasia e realidade.

Os objetos transicionais, na perspectiva winnicottiana, são considerados objetos acompanhantes e utilizados da mesma maneira por várias crianças. Já os objetos autísticos são utilizados como proteção, uma fuga de situações percebidas como ameaçadoras, além de haver peculiaridades quanto à sua utilização por parte de cada criança (FERREIRA, 2014). Para Tustin, cabe ao psicoterapeuta contribuir para a construção de uma possibilidade de troca do objeto autístico por objeto transicional, ou pelo menos a capacidade do sujeito de formar símbolos. Além de evidenciar a diferença entre objeto autístico e objeto transicional, a autora apresenta um terceiro objeto, sendo este um intermediário, o que chamou de objeto confusional.

Objetos confusionais são geralmente macios e utilizados por crianças que se encontram em estágio de confusão eu/não-eu em relação à mãe, o que ocasiona o seu sentimento de não maternalizadas (FERREIRA, 2014). Podem ser confundidos com os objetos transicionais por possuírem características semelhantes, porém não produzem o legado da aprendizagem na defesa de situações estressoras e de representações dolorosas ao sujeito, como nos casos dos objetos transicionais, pois tanto objetos autísticos quanto confusionais desviam o sujeito da experiência ou de qualquer expectativa (FERREIRA, 2014).

De fato, no que se diz respeito à funcionalidade e finalidade, Tustin apresenta o objeto confusional muito mais próximo do objeto autístico. Embora exista uma proximidade desses dois objetos, o que parece ser determinante em sua diferenciação é o fator de intensidade do estado autístico no qual o sujeito se encontra, o que repercutirá na relação do sujeito para com o objeto.

As diferenças observáveis entre objeto confusional e objeto autístico são: o fato de o sujeito chegar a oscilar quanto à consciência de separação entre o objeto e seu corpo; a tridimensionalidade, entendimento de dentro e fora não existente no objeto autístico, que é bidimensional; e o fato de que não há um bloqueio total da relação do sujeito para com seus cuidadores e demais pessoas, como ocorre com os encapsulados (FERREIRA, 2014).

É possível considerar que a observação no sentido reverso do fenômeno pode contribuir na mensuração diagnóstica da origem, portanto, observando os fins e os meios do uso do objeto, pode-se compreender melhor a posição autística em que o sujeito se encontra. Sendo assim, ressalta-se a importância da correta distinção desses objetos, pois seu erro pode acarretar problemas de manejo do tratamento, se for interpretado como fator importante para o levantamento hipotético dos estados autísticos dessas crianças e parâmetro para a construção de estratégias interventivas.

Embora Tustin aponte distinções entre objetos autísticos e confusionais, a autora os aproxima e, em alguns casos, até os equipara ao apresentar sua noção de nocividade daqueles objetos. Para ela, ambos os objetos desviam o sujeito da sua realidade, retirando, assim, a sua possibilidade de se relacionar; são utilizados de forma compulsiva, impedindo que o sujeito alcance a consciência da necessidade de cuidado de um outro separado.

Os objetos autísticos podem ser considerados prejudiciais ao tratamento por serem considerados objetos que estimulam um uso compulsivo, repetitivo, sem representação simbólica, não transicional, apenas um refúgio em meio a realidade, resumindo a experiência sensorial alucinatória de falsa completude e independência a partir da fusão de um objeto que teria a função de substituto permanente de seus cuidadores, tamponando o buraco negro que o assombra, em detrimento da abertura de contato com o outro. Esses objetos, para Tustin, impedem o desenvolvimento adequado do sujeito, reforçando seu posicionamento de negação à vida, potencializando a compulsão da repetição em um ciclo vicioso.

A utilização excessiva dos objetos dificulta a capacidade de formação simbólica do sujeito em estado confusional; enquanto para os encapsulados essa capacidade é impedida, privando o sujeito de inserção à cultura e a experiências relacionais. O uso compulsivo de objetos autísticos e confusionais, por seu formato não transicional, é para a autora inglesa o que resultaria a psicose, configurando-o como patológico, pois limita o funcionamento da criança, dando-a, em alguns casos, a aparência de deficiente mental (FERREIRA, 2014).

3.3 A CLÍNICA DO AUTISMO POR MALEVAL DIANTE DA TEORIA DE TUSTIN

Jean-Claude Maleval, oriundo da Escola Francesa de Psicanálise, naturalmente influenciado pela obra de Jacques Lacan, recorreu a fragmentos de autores diversos para a base de sua construção teórica do autismo, como Leo Kanner que, além de categorizar o autismo, apontou para a questão da imutabilidade e a transformação das fixações em profissões como caminho de sucesso; o casal Rosine e Robert Lefort, de quem considerou a elaboração da relação do sujeito dito autista com o outro; Bruno Bettelheim e seu conceito de comportamento de fronteira; o retorno do gozo, de Eric Laurent, essencial para sua construção teórica; e Frances Tustin, sua referência de concordância e discordância conceitual e funcional. Além desses autores, Maleval recorre em suas articulações às produções autobiográficas de autistas.

Embora reconheça sua teoria como abordagem psicanalítica estrutural do autismo, supondo, como Asperger, haver uma constância nessa categoria clínica, suas considerações quanto ao relacionamento do sujeito com o seu objeto podem ser aplicadas, independentemente do seu pressuposto estrutural.

Ao abordar o comportamento do sujeito autista, Maleval recorre ao conceito de comportamento de fronteira de Bruno Bettelheim, que seria uma forma de proteção desse sujeito ao mundo externo, onde se poria em contato constante com a superfície, criando uma borda (MALEVAL, 2010). O autor se baseia- nas falas de Donna Williams, autista de alto desempenho, ao afirmar que a criação das fronteiras e linhas de bordas a serviam como proteção da invasão do mundo externo, tornando-a mais solitária, porém segura (MALEVAL, 2010). Além de entender ser a borda um local de segurança para o sujeito, Maleval ainda introduz a teoria do retorno do gozo na borda, de Eric Laurent.

Eric Laurent usa a noção de carapaça de Frances Tustin como exemplo ao formular o conceito de retorno de gozo na borda, porém, diferente da psicanalista inglesa, pois não a considera como uma borda fechada e, sim, permeável; um espaço intermediário que permitiria a passagem de pessoas e objetos. A borda é uma fronteira criada pelo autista, lugar de segurança em que o sujeito pode permitir contato entre seu mundo e o dos outros (MALEVAL, 2010). Contudo, Maleval enfatiza que a borda dinâmica se daria com um tratamento complexo da parte do sujeito.

Segundo Maleval (2010), na borda, o sujeito autista experimenta um mundo de liberdade e de poder em um espaço de proteção no que tange ao mundo externo. O autor reafirma a proteção como função primordial da borda autística, acrescenta ser esse o lugar do gozo do sujeito, conexão que permite encontrar sua dinâmica. Defende que a borda é constituída pelo intricamento de três elementos: o objeto autístico, o duplo e a ilhota de competências (MALEVAL, 2010). Portanto, é também na borda, o lugar em que está situado o objeto autístico.

Em um primeiro momento, Maleval define quatro tipos de objetos autísticos, sendo eles: o objeto regulador, o objeto regulado, o objeto não regulado e o objeto bruto (PIMENTA, 2012). Tais definições de objetos foram substituídas mais adiante, a partir da retirada da perspectiva de construção de significante nessa relação direta com o objeto, e reduzidas para apenas dois tipos, os objetos simples e os objetos complexos (PIMENTA, 2012).

O sujeito autista considera o objeto apenas em seu caráter real. No que diz respeito à relação com o objeto, não é possibilitado espaço para inscrição de novos sentidos simbólicos que modifiquem a sua representação. Ao definir os dois tipos de objetos autísticos, Maleval toma por base a função de cada objeto a partir de uma dinâmica pulsional.

Assim como o afirmado por Tustin, o autor define o objeto autístico simples como sendo um objeto provocador de gozo autossensual que isola o sujeito do mundo externo, porém, complementa afirmando se tratar de "um duplo 'vivo', portador de um retorno de gozo sobre a borda" (MALEVAL, 2009a, p. 234-235), podendo evoluir para objeto autístico complexo. O objeto autístico simples permanece colado ao sujeito por servir à sua característica autossensual, ao mesmo tempo em que é tomado por uma borda que o protege e lhe dá sensação de controle do ambiente, possibilitando que se encontrem formas de aproximação com o mundo externo (MALEVAL, 2009a).

O objeto autístico complexo, diferente do objeto autístico simples, é retentor de excesso de gozo, porém o sujeito o mantém à distância, provocando uma mínima ativação da dinâmica pulsional, possibilitando, então, a animação subjetiva (MALEVAL, 2009a). Esse objeto afasta o excesso de gozo do corpo do sujeito para a borda e seu espaço de segurança, embora continue barrando o outro para se defender, ao mesmo tempo, conecta o sujeito ao campo social. Sendo assim, afirma que "o objeto autístico complexo afasta o gozo do corpo do sujeito para localizá-lo em uma borda, que não é mais somente barreira ao Outro, mas também conexão à realidade social" (MALEVAL, 2009a, p. 235). Vale ressaltar que a noção de borda, desenvolvida por Laurent (2014), representa um avanço nas discussões sobre fronteiras propostas por Bettelheim (1987), um ponto em comum entre as duas noções é que ambas podem ser reconhecidas como elementos defensivos erguidos pelo sujeito autista.

Maleval (2009a) concorda com Tustin em sua afirmação sobre a dinâmica da relação do sujeito com o objeto autístico, por não se tratar de uma identificação e, sim, uma equação. O autor acrescenta que a identificação é apoiada por significantes, enquanto na relação com o objeto autístico o apoio é realizado por signos, ou seja, essa relação se restringe tão somente à produção de sensações e à captura de propriedades do objeto, ausentando os sentidos. Na dinâmica da relação, na qual há uma apropriação de traços do objeto, torna-se possível justificar o fato de muitas crianças apresentarem características de hipertonicidade e rigidez do corpo. Ao ressaltar essa característica corporal e modo de apreensão de sensações comuns entre os autistas, Maleval (2009a, p. 228) afirma se tratar de "crianças tensas, que vivem em um mundo bidimensional dominado por sensações de dureza e maciez".

Aponta ainda para a recorrência de Tustin em relacionar os objetos autísticos à sua dureza, enquanto o autor afirma ser incontestável a existência de objetos autísticos simples não duros:

> Nesse caso, com frequência, trata-se de objetos dotados de um movimento: ou parecem ter uma dinâmica própria, ventilador, hélice, piões, rodas, etc.; ou o sujeito os movimenta: fita que faz oscilar diante dos olhos, corrente que ele balança, bilhas que escorregam na mão, etc. (MALEVAL, 2009a, p. 228).

Segue apontando o interesse que os autistas demonstram por objetos de movimentos, os quais podem passar horas observando, o que se daria a um motivo já indicado por Tustin, sua busca para integrar as propriedades dos objetos. Para sustentar seu argumento, apresenta como exemplo o caso da criança autista que elege a torre de um jogo como seu objeto, a fim de adquirir sua altura. Cita também o caso atendido por Tustin, John, uma criança de três anos que, em sua primeira sessão, após ignorar a presença da terapeuta, a pega pela mão conduzindo-a a um pião para que o girasse. Ao observar o giro do pião, passa a realizar movimentos circulares em sua boca e a girar o pênis por dentro da calça, demonstrando uma tentativa de apreensão do movimento do objeto (MALEVAL, 2009a).

Ao citar esse recorte do caso John, Maleval evidencia mais um recurso possível de ser extraído da relação do sujeito com o seu objeto, a capacidade desse objeto de intermediar o contato do sujeito com o outro, forjar uma demanda, já que a própria Tustin relata que John, o qual até então a ignorava, a pegou pela mão para que ela girasse o pião. Sendo assim, o relato abordado contraria a afirmação de que o objeto autístico provocaria a falta de confiança nos cuidadores, impedindo que a criança experimente a necessidade do outro.

Assim como Maleval, Tustin já havia percebido a função de duplo do objeto autístico, entretanto, ambos divergem quanto à sua importância e à utilização desse duplo no tratamento. Para Maleval (2009a, p. 228), Tustin reconhece o caráter protetor do objeto autístico, mas a crítica alegando que "sua perspectiva genética não a incita a explorar prioritariamente os recursos que o sujeito pode tirar disso"; pelo contrário, "ela o relaciona essencialmente com a deficiência das identificações e com as sensações inapropriadas", o que seria um erro, levando a considerar a retirada do objeto ou sua substituição por objeto transicional como a única possibilidade de tratamento (MALEVAL, 2009a). Segundo Maleval (2009b), o objeto autístico é um duplo dominado que pode dar sustentação ao sujeito, permitindo que o autista avance para além de suas fronteiras.

Tustin aponta para o fato de a criança autista muitas vezes perceber-se como ser inanimado, uma coisificação do sujeito, o que seria agravado a partir de sua relação com os objetos considerados patológicos e que possuem a função de "neutralizar qualquer percepção da existência – intolerável e ameaçadora demais" (TUSTIN, 1972/1975, p. 75). Já para Maleval (2009a), "é do lado dos objetos e não dos seres humanos que fazem as primeiras tentativas para adquirir vida" (p. 229). Segue afirmando que "é em seu duplo protetor que o sujeito encontra confiança para se ligar ao gozo" (MALEVAL, 2009a, p. 229). Para sustentar esse entendimento, o autor se utiliza das falas de alguns autistas de alto desempenho que expressam, como Sellin, encontrar segurança apenas nos objetos; Grandin, que demonstra maior interesse pelas máquinas do que pelas pessoas; Williams, por sua vez, revela a segurança que sentia ao comunicar-se por meio dos objetos (MALEVAL 2010).

O autor francês aponta que o dinamismo do objeto, fator de extrema importância, passa despercebido à Tustin, que "não se atém à frequência dos objetos dinâmicos entre os objetos autísticos simples" (MALEVAL, 2009a, p. 229). Com isso, Maleval (2009a) entende que "muitos objetos autísticos sejam simultaneamente duros e dinâmicos, a fim de tratarem tanto a imagem quanto a animação pulsional" (p. 230). Afirma ainda haver um caráter transitivista da relação do sujeito com seu objeto.

Maleval (2009a) discorda de Frances Tustin quando ela considera a possibilidade de fusão do objeto transicional com o objeto autístico, embora reconheça suas proximidades, "eles têm certamente alguns pontos em comum, é possível confundir um com o outro" (p. 231). Critica a autora inglesa, pois considera que a "sua perspectiva genética, que baliza as etapas do desenvolvimento do sujeito, focaliza-a nas propriedades nocivas dos objetos autísticos, o que a impede de discernir uma de suas principais funções" (MALEVAL, 2009a, p. 230), evidenciada na relação do sujeito com aquilo do qual Frances Tustin não considerou durante toda sua obra, encontrado no que Maleval chamou de objeto autístico complexo e que será melhor detalhado adiante.

O autor chega a apontar diversas proximidades e diferenças entre os objetos transicionais e objetos autísticos, porém, destaca que "a distinção desses objetos só tem importância se suas funções não se confundem em termos da economia subjetiva" (MALEVAL, 2009a, p. 231).

Permanece delimitando o objeto transicional em sua função moderadora da perda do objeto de gozo, não estimulante, "pois a criança dotada de um objeto transicional já é um sujeito desejante" e o seu surgimento "mostra que uma regulação das pulsões se efetuou" (MALEVAL, 2009a, p. 231).

No caso do uso do objeto autístico simples, observa-se que há falha da dinâmica pulsional, o sujeito "se percebe simplesmente como um objeto no mundo dos objetos, demonstrando sentir-se inanimado" (MALEVAL, 2009a, p. 231). A desregulação pulsional, que não é revertida na relação do sujeito com seu objeto autístico simples, pode demonstrar falhas na dinâmica de suas pulsões, comumente relacionadas às pulsões anal, escópica e oral. É na observação da dinâmica pulsional subjetiva e na relação do sujeito e seu objeto que Maleval consegue melhor apontar a função do objeto autístico complexo e demarcar sua distinção quanto ao objeto transicional. Segundo Maleval (2009a), a principal função do objeto autístico complexo "consiste em aparelhar um gozo pulsional em excesso" (p. 232). Complementa afirmando: "trata-se de um objeto cuja falicização é falha, ligado à pulsão de morte distintamente do que se passa com o objeto transicional" (Maleval, 2009a., p. 232).

Ao compreender melhor a função do objeto autístico complexo e sua influência na dinâmica pulsional, Maleval amplia o conceito de borda autística, passando a incluir o seu terceiro elemento, a ilhota de competências, que se interpenetra frequentemente com o duplo e o objeto na participação da localização do gozo do sujeito (MALEVAL, 2010).

A ilhota de competências trata-se de um saber de interesse acentuado apresentado pelo sujeito dito autista, o que para alguns terapeutas pode ser considerado como obsessivo. Quando o autor aborda as características das ilhotas de competências, evidencia a capacidade do sujeito para desenvolver habilidades específicas, o que pode ser exemplificado por vários casos de autistas de alto desempenho a partir da relação com seus objetos. Por se tratar de um lugar protegido, a borda pode ser utilizada como um espaço de construção das ilhotas de competências (MALEVAL, 2010). O desenvolvimento dessas habilidades possibilita o despertar criativo e um elo de inserção social, inclusive profissional do sujeito.

O conceito de ilhota de competências evidencia a principal discordância entre as teorias de nocividade e contribuição do objeto autístico de Tustin e Maleval, respectivamente. Para a autora inglesa, o objeto autístico, ao impedir a construção simbólica, por prender o sujeito em um ciclo vicioso das sensações corporais, leva o sujeito a um subfuncionamento, não gerando aprendizado, impossibilitando sua inserção na cultura e o compartilhamento com os outros seres humanos.

Maleval aborda em sua obra os relatos de Birger Sellin, considerado um autêntico autista de Kanner, mergulhado em um autismo profundo e que não falava desde os seus dois anos de idade. Sellin relata que aos cinco anos já sabia escrever e calcular, mas que ninguém percebia, pois seu mundo caótico e seu autismo não permitiam que ele contasse para alguém. Somente aos 17 anos descobriu a escrita assistida pelo computador, passando a revelar os detalhes do seu mundo interno. Sellin se tornou o primeiro autista a publicar um livro na Alemanha. Embora não seja consequência de um tratamento psicanalítico, esse caso ensina que, antes de tudo, há um sujeito no autismo, mesmo que não manifesto, e que é possível ampliar o seu mundo. Além disso, a partir desse relato, entende-se que as possibilidades de expansão do mundo interior do sujeito autista não estão restritas somente àqueles considerados de alto desempenho.

Se para Tustin o tratamento do autismo passa pela retirada do objeto autístico, o autor francês aposta no objeto autístico e os interesses específicos a ele relacionados como importantes recursos de construção para o tratamento. Portanto, para Maleval, uma das possibilidades de soluções autísticas mais desenvolvidas se daria a partir da conquista de autonomia das construções de ilhotas de competências, mobilizando interesses e capacidades, possibilitando a construção de laço social, até mesmo por uma profissão, como no caso de Sellin, que, se expressando pela escrita, faz contato por meio de um objeto máquina, tornando-se um escritor (MALEVAL, 2010).

Sendo assim, para Maleval, o objeto autístico e os outros elementos da borda com os quais se encontra intricado possibilitam a construção de arranjos autísticos capazes de desenvolver a autonomia de ilhotas de competências, o que considera a forma mais elaborada de tratamento e desenvolvimento para o sujeito dito autista.

CONSIDERAÇÕES FINAIS

É importante considerar a pluralidade de bases conceituais e construções teórico-práticas das psicanálises diante das questões da vida humana. Embora plurais, advindas de escolas distintas, essas psicanálises parecem propor um eixo central em comum na clínica do autismo, a busca por interpretação gestual e sonora do dito autista, apostando na extração de sentido ou valor significante deste (TAFURI; SAFRA, 2008).

Naquilo que diz respeito ao presente trabalho, chegamos à questão do caráter nocivo ou não do objeto autístico no tratamento do sujeito dito autista, destacando um fator primordial da discordância teórica presente nas publicações de Tustin e Maleval, a interpretação daquilo que se repete nessa relação.

Um traço desenvolvimentista parece balizar a consideração de nocividade que a autora inglesa atribui a esse objeto. Para ela, o trauma remoto originário da separação da mãe, ocorrido no momento em que o bebê, de acordo com sua subjetividade, ainda não possuía maturidade para suportar tal evento, estaria no cerne da questão da relação nociva com seu objeto, sentido como um *continuum seu* (FERREIRA, 2014). Portanto, o sentimento da perda ilusória de parte de si resultaria no uso obsessivo e idiossincrático do objeto autístico (FERREIRA, 2014).

A autora inglesa alega que o uso estereotipado do objeto autístico, portanto, o seu caráter repetitivo e por isso sem sentidos, é o que o torna patológico, pois impede o desenvolvimento normal do sujeito. Assim, afirma a necessidade da sua retirada para condução do tratamento. A maneira como Tustin defende um conceito de normalidade do desenvolvimento e, consequentemente, a retirada do objeto autístico, faz com que esse tipo de intervenção, no presente recorte teórico, aproxime-se da proposta comportamentalista, se comparado com o que atualmente é praticado por parte dos psicanalistas da clínica do autismo.

Tustin entra em algumas contradições, como ao afirmar que o objeto afasta o sujeito das pessoas e o mantém pseudo autossuficiente, porém, relata um de seus casos, o caso John, que o garoto a conduziu pela mão para que ela girasse um pião, portanto, demonstrando que o objeto pode servir de intermediador da relação do terapeuta com o paciente. Admite o caráter protetor e tranquilizador do objeto, fala de possíveis consequências nefastas diante das tentativas de supressão do autismo, reconhece que a retirada do objeto pode acarretar no aprofundamento do estado autístico do paciente e no surgimento de fobias, mesmo assim defende um tratamento por meio da causação de um sofrimento, no caso, a partir da retirada do objeto.

Quando Tustin afirma a nocividade do objeto autístico, é preciso considerar fatores constitutivos de sua teoria, como o momento ainda inicial da clínica psicanalítica do autismo, assim como o fato de se tratar de uma terapeuta que interagia com muitos autores fora da psicanálise, o que influenciou seu olhar para o fenômeno do autismo e estabeleceu a sua posição analítica. Contudo, é possível questionar se a referência de normalidade utilizada em seu embasamento teórico condiz com a ética psicanalítica.

Maleval, por sua vez, parece observar aquilo que se repete na relação do sujeito e o seu objeto, considerando a afirmação de Kanner sobre a persistência estrutural de uma personalidade fundamental, assim como o apontamento de Asperger, que alega haver uma permanência daquilo que é essencial. Sua teoria ganha relevância e credibilidade por se apoiar nas falas de autistas de alto desempenho.

Ao ampliar o conceito de borda autística, inserindo o seu terceiro elemento, a ilhota de competências, além de conceituar os tipos de objetos e suas funções, Maleval potencializa ainda mais a importância do objeto autístico no tratamento em relação ao que apontava Tustin, pois o promove de problema para solução do tratamento, já que para além das sensações protetoras, possibilita, por meio dos interesses específicos associados ao objeto, considerados por muitos como obsessões, um meio de inserção social e profissional, como no caso de Grandin, em que ela se torna uma especialista mundial em confinamento de gado.

Considerando a experiência de Sellin, a partir das contribuições de Maleval, percebe-se a importância da utilização do computador, um objeto máquina capaz de desenvolver a comunicação do dito autista, assim como em muitos outros casos e tantos outros objetos máquinas. A teoria de Maleval permite lançar um olhar embasado sobre várias experiências de sucesso em que o objeto autístico tem contribuído para a expansão do mundo desse sujeito, na construção de laços, em sua inclusão social e profissional e até mesmo no tratamento dos objetos pulsionais.

A aposta de Maleval é direcionada àquilo que se repete na relação do sujeito e seu objeto, considerado obsessivo. Por meio da sua teoria, supõe-se que a repetição aponta para uma possibilidade de proposta inicial e contínua de tratamento, assim como Grandin já indicava ao recomendar, com base em sua experiência, a expansão do campo obsessivo, possibilitando um despertar criativo.

As discussões abordadas neste artigo evidenciam a histórica contribuição da psicanálise na clínica do autismo, ao mesmo tempo que contribui para sua constante construção teórica, apresentando respostas clínicas favoráveis para a direção do tratamento do fenômeno autístico. Portanto, faz-se necessária a defesa ao ataque e discriminação recebidos pelo que Elia (2014) chama de monopólio científico e que visa desqualificar o saber psicanalítico, sobretudo na clínica do autismo, por motivações aparentemente corporativistas e econômicas.

Há esperanças de que debates como os propostos neste artigo possam ser disseminados, contrapondo-se aos monopólios científicos e abrindo espaço para aquilo que a psicanálise tem contribuído na clínica do autismo. A teoria de Maleval, assim como tantas outras teorias contemporâneas, fornece subsídios para que se possa reivindicar um maior protagonismo da psicanálise nas práticas interventivas ao fenômeno autístico. Aqui, concorda-se com Maleval quando ele afirma que a abordagem psicanalítica, apesar de toda a diversidade de comportamento dos autistas, é capaz de apontar o que há de constante no autismo, pois só ela pode dar conta da função do objeto autístico, do primado do signo e da estranheza da enunciação.

A clínica psicanalítica do autismo permanece em pujante construção. A verdade é que ainda parece distante de uma elucidação definitiva de suas causações, ao mesmo tempo constrói possibilidades de tratamento com aquilo que foi possível alcançar até então. Diante desse ambiente de construções e desconstruções constantes é que surge o questionamento quanto ao caráter nocivo ou benéfico do objeto autístico no tratamento.

Considerando algumas das formulações mais recentes da clínica psicanalítica do autismo, pautadas em experimentos e relatos dos ditos autistas de alto desempenho, nos quais se demonstra a possibilidade de leitura do seu gesto, assim como a possibilidade de construção a partir da relação do sujeito e seu objeto, concorda-se com a posição benéfica atribuída por Maleval ao objeto autístico. O sujeito se nutre daquilo que é gerado na relação com seu objeto, as sensações de segurança e de existência que dão substância para a tentativa de tamponar o buraco negro que o ameaça e o apavora, sentido no corpo. Por outro lado, a interpretação pulsional e funcional dos objetos oportuniza a construção de intervenções mais elaboradas.

Conclui-se que a relação do sujeito com o objeto autístico faz parte do seu jogo fantasmático, sendo assim, a retirada do objeto é que se torna nociva ao tratamento, na medida em que expõe o sujeito diante do real, sem defesas, como em um estágio primário. Por fim, considera-se a retirada do objeto autístico como um modo de silenciar o sujeito, além da perda de uma possibilidade promissora de tratamento.

REFERÊNCIAS

AMERICAN PSYCHIATRIC ASSOCIATION. **Manual diagnóstico e estatístico de transtornos mentais**: DSM-5. Tradução de Maria Inês Corrêa Nascimento *et al.* 5. ed. Porto Alegre: Artmed, 2014. Disponível em: http://www.niip.com.br/wp-content/uploads/2018/06/Manual-Diagnosico-e-Estatistico-de-Transtornos-Mentais-DSM-5-1-pdf.pdf. Acesso em: 4 dez. 2020

BETTELHEIM, Bruno. **A fortaleza vazia.** São Paulo: Martins Fontes, 1987.

BRACKS, Mayana; CALAZANS, Roberto. A questão diagnóstica e sua implicação na epidemia autística. **Tempo Psicanalítico**, Rio de Janeiro, v. 50, n. 2, p. 51-76, dez. 2018. Disponível em: https://tempopsicanalitico.com.br/index.php/tempopsicanalitico/ article/view/409. Acesso em: 23 nov. 2020.

DUNKER, Christian Ingo Lenz. Questões entre a psicanálise e o DSM. **Jornal de Psicanálise**, São Paulo, v. 47, n. 87, p. 79-107, dez. 2014. Disponível em: http://pepsic.bvsalud.org/scielo.php?script=sci_arttext&pid=S-0103-58352014000200006&lng =pt&nrm=iso. Acesso em: 20 fev. 2020.

ELIA, Luciano. Psicanálise e neurociência face ao autismo: uma disjunção inclusiva. *In:* FERREIRA, Juliana Araújo; ABRÃO, Jorge Luís Ferreira. O sistema de encapsulamento: a evolução dos conceitos de formas e objetos autísticos na obra de Frances Tustin. **Estilos da Clínica**, São Paulo, v. 19, n. 3, p. 398-413, dez. 2014. Disponível em: https://www.revistas.usp.br/estic/article/view/89733. Acesso em: 22 fev. 2020.

FERREIRA, Juliana Araújo. **Nomeando o inominável**: a evolução das contribuições teóricas de Frances Tustin acerca do funcionamento dinâmico autístico em crianças e adultos. 2014. 156 f. Dissertação (Mestrado em Psicologia) – Faculdade de Ciências e Letras, Universidade Estadual Paulista, Assis, 2014.

FURTADO, Luis Achilles Rodrigues. "Cede-se com as palavras para logo ceder com as coisas": observações freudianas sobre alguns mal-entendidos em torno do autismo. **A Peste**, São Paulo, v. 4, n. 1, p. 65-74, jan./jun. 2012. Disponível em: https://revistas.pucsp.br/apeste/article/view/22109/16218. Acesso em: 14 maio 2020.

FURTADO, Luis Achilles Rodrigues. **Sua majestade o autista**: fascínio, intolerância e exclusão no mundo contemporâneo. 2011. 206 f. Tese (Doutorado em Educação Brasileira) – Programa de Pós-graduação em Educação Brasileira, Universidade Federal do Ceará, Fortaleza, 2011. Disponível em: http://www.repositorio.ufc.br/handle/riufc/22755. Acesso em: 10 mar. 2020.

FURTADO, Luís Achilles Rodrigues *et al.* **O sujeito na entrada da estação**: estudos sobre o caso Dick, a clínica psicanalítica e o autismo. 1. ed. São Paulo: Larvatus Prodeo, 2021.

FURTADO, Luis Achilles Rodrigues; VIEIRA, Camila Araújo Lopes (org.). **O autismo, o sujeito e a psicanálise**: consonâncias. Curitiba: CRV, 2014.

GIL, Antônio Carlos. **Como elaborar projetos de pesquisa**. 5. ed. São Paulo: Atlas, 2010.

KANNER, Leo. Os distúrbios autísticos do contato afetivo. [1943]. *In:* ROCHA, Paulina Schmidtbauer Rocha (org.). **Autismos**. 2. ed. São Paulo: Escuta, 2012.

LAURENT, Eric. **A batalha do autismo**: da clínica à política. Rio de Janeiro: Zahar, 2014.

LIMA, Rossano Cabral. Infância e adolescência em tempos de DSM-5 e CID 11: trajetórias da classificação e perspectivas de investigação crítica. *In:* CATÃO, Inês (org.). **Mal-estar na infância e medicalização do sofrimento**: quando a brincadeira fica sem graça! Salvador: Ágalma, 2020.

MALEVAL, Jean-Claude. De la psicosis precocísima al espectro del autismo: historia de una mutación en la aprehensión del Síndrome de Kanner. **Freudiana: Revista Psicoanalítica**, Barcelona, n. 39, p. 97-127, 2004.

MALEVAL, Jean-Claude. Os objetos autísticos complexos são nocivos? **Psicologia em Revista**, Belo Horizonte, v. 15, n. 2, p. 223-254, 2009a.

MALEVAL, Jean-Claude. Qual o tratamento para o sujeito autista? **Revista Inter Ação**, Goiânia, v. 34, n. 2, p. 405-452, 2009b.

MALEVAL, Jean-Claude. O que existe de constante no autismo? Tradução de Emilia Firmino. **CliniCAPS**, v. 4, n. 11, 2010. Conferência pronunciada na Escola Brasileira de Psicanálise, em Belo Horizonte/MG, no dia 10 maio 2010.

PIMENTA, Paula Ramos. O objeto autístico e sua função no tratamento psicanalítico do autismo. **Almanaque On-line**, Belo Horizonte, n. 12, p. 1-5, jan./jun. 2013. Disponível em: http://almanaquepsicanalise.com.br/wp-content/uploads/2015/09/Almq12EncontrosPaula Pimenta.pdf. Acesso em: 4 dez. 2020.

QUÉ es el autismo. Palestra de Eric Laurent. [*S.l: s.n.*], 2017. 1 vídeo (7 min). Publicado pelo canal De Inconsciente. Disponível em: https://www.youtube.com/watch?v=jb1M6mED4mo&t=19s. Acesso em: 26 abr. 2020.

TAFURI, Maria Isabel; SAFRA, Gilberto. Extrair sentido, traduzir, interpretar: um paradigma na clínica psicanalítica com a criança autista.

Psyche Revista de Psicanálise, São Paulo, v. 12, n. 23, dez. 2008. Disponível em http://pepsic.bvsalud.org/scielo.php?script= sci_arttext&pid=S1415-11382008000200009&lng=pt&nrm=iso. Acesso em: 23 nov. 2020.

TUSTIN, Frances. **Autismo e psicose infantil**. Tradução de Isabel Casson. Rio de Janeiro: Imago, 1975.

TUSTIN, Frances. **Estados autísticos em crianças**. Tradução de Joseti Marques Xisto. Rio de Janeiro: Imago, 1984.

VORCARO, Ângela Maria Resende; GUIMARÃES, Marcela Rêda. Lacan leitor de Klein: da clínica kleiniana com Dick à teorização lacaniana. **Gerais: Revista Interinstitucional de Psicologia**, Juiz de fora, v. 7, n. 2, p. 208-219, dez. 2014. Disponível em http://pepsic.bvsalud.org/scielo.php?script=sci_arttext&pid=S1983-82202014000200009&lng =pt&nrm=iso. Acesso em: 29 nov. 2020.

4

UMA ESCOLHA INSONDÁVEL: PSICOSES INFANTIS E AUTISMOS

Ricardo Pinheiro Maia Júnior

Em psicanálise, numa perspectiva freud-lacaniana atual, há um certo embaraço teórico no campo da psicopatologia infantil. Uma linha de pensamento aponta para uma confluência entre as psicoses e os autismos (SOLER, 2007). Outro caminho aponta para distinções entre as constituições nas psicoses e nos autismos (LAZNIK, 2011/1995; MALEVAL, 2015), como posições subjetivas bem distintas. Tomando como norte esse caminho, este texto tem como objetivo traçar algumas das diferenças diagnósticas nos entendimentos psicopatológicos entre aquilo da ordem psicótica daquilo de uma posição autística na clínica infantil.

A psicanálise não chega a criar categorias psicopatológicas novas, isto é, Freud mantém categorias oriundas do saber médico (BEAUCHESNE, 1989). Observa-se isso na própria nomenclatura utilizada por ele: neurastenia, parafrenias, demência precoce etc. Entretanto, as formas como são pensadas a noção de diagnóstico e a concepção de produção sintomática diferem bastante do modelo médico e do próprio modelo positivista de ciência.

Freud (2010a/1911) já se preocupava com a elaboração de um diagnóstico diferencial durante o *tratamento de ensaio* proposto como a entrada da análise. Essa recomendação teria como objetivo evitar erros diagnósticos que afetariam a direção do tratamento e o estabelecimento da transferência. A própria concepção de sintoma tem seu status modificado pela episteme psicanalítica, deixa de ser uma categoria descritiva e nosográfica de uma psicopatologia clássica para ganhar um sentido relacionado às vivências do sujeito. Dessa maneira, o diagnóstico perde um caráter assertivo para se tornar uma hipótese que serviria de bússola para o tratamento e o sintoma assume um caráter de verdade do sujeito como uma produção que denuncia algo em sua vida. Essas premissas permanecem válidas na linha pós-freudiana da psicanálise lacaniana. Entretanto, a precaução é maior ao discutir a clínica infantil, visto que o trabalho com crianças aponta para a própria constituição subjetiva em que processos e operações psíquicas estão ocorrendo ou em vias de ocorrer.

Nesse ponto, concorda-se com o pensamento de Bernardino (2004) de que há na clínica infantil a evidência de uma maleabilidade psíquica. A autora aponta que o processo de constituição psíquica não se dá a partir de um único momento, mas que há "momentos-chave" – e todos seus impasses – na estruturação do psiquismo ao longo da infância. Assim, na prática da clínica infantil, é fundamental não encerrar a criança num diagnóstico que poderia produzir efeitos danosos na constituição subjetiva. Então, pensar a clínica psicanalítica infantil remete a uma discussão em torno da ascensão do sujeito desejante e seus efeitos. Encontra-se em Freud esse percurso constitutivo da subjetividade discutido ao longo de toda sua obra, mas, num recorte teórico delimitado, é imprescindível destacar que para o autor há uma energia psíquica, a *libido*, que movimenta e engendra o psiquismo em busca de satisfação. Tal satisfação se faz possível nos limites entre o psíquico e o somático, erogenizando o corpo e, assim, subjetivando-o. É essa busca por satisfação que aponta para uma *sexualidade infantil* nos *Três Ensaios* (1905), evidenciada aqui como um autoerotismo (um estágio libidinal inicial) – em que a libido encontraria satisfação no próprio corpo.

De certa forma, questionando-se acerca de como a libido toma lugar no psiquismo, Freud produz considerações acerca disso em *Introdução ao Narcisismo* (1914). Ele indica que "[...] deve haver algo que se acrescente ao autoerotismo, uma nova ação psíquica, para que se forme o narcisismo." (p. 13). Freud, então, organiza a libido em duas modalidades: a do Eu e a objetal. Em paralelo, há o *narcisismo primário e o secundário*.

A pressuposição do narcisismo primário compreende aquilo localizado na obra freudiana como *His Majesty the Baby*, toda atitude parental de investimento no bebê seria uma "revivescência e reprodução do seu próprio narcisismo há muito abandonado." (Freud, 2011/1914, p. 25). Há um investimento narcísico dos pais no bebê, colocando numa posição de perfeição e completude, a posição do *Eu ideal*. Esse investimento é necessário para o processo de constituição subjetiva. Necessário, porém não é absoluto. Ele é frustrado pelas contingências inerentes à vida.

Dessas ocorrências é possível supor o narcisismo secundário e o movimento libidinal em investir em objetos de uma realidade externa a fim de obter uma satisfação possível. Daí, ocorre a assunção de outra posição subjetiva, o *Ideal do Eu*. Posição que surge dos resquícios do Eu ideal, mas que atua de forma balizadora, reguladora e norteadora do desejo subjetivo e referencial do Eu. Assim, fica evidente que:

> O desenvolvimento do Eu consiste num distanciamento do narcisismo primário e gera um intenso esforço para reconquistá-lo. Tal distanciamento ocorre através do deslocamento da libido para um ideal do Eu imposto de fora, e a satisfação, através do cumprimento desse ideal. (FREUD, 2010/1914, p. 33)

Vale destacar que o *Ideal de Eu* não equivale a uma superposição do *Eu ideal*, mas são posições que se fazem presentes no percurso da vida subjetiva. Há sim um distanciamento da posição infantil, mas ele é orientado por uma certa nostalgia desse primeiro momento.

Algumas considerações sobre o discutido até aqui, o Eu se constitui não de forma autônoma, mas a partir de uma relação com outrem. O Eu freudiano é apresentado de forma passiva nesse processo constituinte. Há um outro parental subjetivante e é do investimento desse que o Eu surge como possibilidade. Claro que todo esse processo constituinte vai, também, inscrevendo marcas afetivas naquilo que Freud nomeia como *Inconsciente*.

Um outro ponto necessário para a compreensão da constituição subjetiva na leitura freudiana passa pelo chamado Sistema Perceptório (Pcp). Num momento anterior à psicanálise, Freud já indicava a importância da percepção, diferenciando-a da consciência, mas que os traços perceptivos eram inscritos e armazenados em signos. Seria somente numa terceira transcrição desses signos vinculados às representações verbais que adviria o Eu (FREUD, 1992/1896). Em *Interpretação dos Sonhos* (FREUD, 1996/1900), no Capítulo 7, o Sistema Perceptório é apresentado novamente como elemento que registra as experiências com a realidade externa que serão inscritas como *traços mnêmicos* num registro Inconsciente.

No avançar da elaboração teórica, quando apresenta a Segunda Tópica do psiquismo, Freud afirma que o *Isso* seria a instância responsável para armazenar os traços dessa memória afetiva e ser repositório libidinal. É numa especialização perceptória em contato com a realidade externa que surgirá o Eu, a instância prioritariamente consciente. "Um indivíduo é então, para nós, um Isso psíquico, irreconhecido e inconsciente, em cuja superfície se acha o Eu, desenvolvido com base no sistema *Pcp*, seu núcleo." (FREUD, 2011/1923, p. 22). Além disso, o autor indica que o Eu é sobretudo "corporal".

Mais algumas considerações, o psiquismo tal como é considerado pela teoria psicanalítica não resvala numa metafísica, visto que a subjetividade e a concepção de Eu estão intrinsecamente relacionadas a uma unidade corporal. E o próprio corpo tem papel constitutivo do psiquismo, não mais sendo reduzido à mera condição de um determinante orgânico, ele é elevado a uma condição pulsional. Essa unidade corporal pulsional também é subjetivada a partir de um investimento libidinal de outros na relação com o sujeito em constituição.

Destaca-se, também, que a noção de constituição subjetiva escapa de uma ortopedia do Eu, observando que o Eu é causado por essas operações e por esses rearranjos traumáticos e contingenciais. Seus efeitos são da ordem de um *Nachträglichkeit*, isto é, ganham um significado retroativo posteriormente.

O percurso teórico de Lacan nos avanços pós-freudianos reatualiza a importância da constituição subjetiva e as causas do psiquismo. Ele indica como paradoxal a questão da corporeidade subjetiva, "o homem é muito mais que seu corpo, ao mesmo tempo que nada mais pode saber sobre seu ser." (LACAN, 1998a/1946, p. 189). De acordo com o autor, há aí uma "[...] ilusão fundamental de *o homem é escravo*, bem mais que de todas as 'paixões do corpo' no sentido cartesiano, *dessa paixão de ser um homem, diria eu, que é a paixão da alma por excelência: o narcisismo.*" (LACAN, 1998a/1946, p. 189, grifo nosso). É essa escravidão que impõe e orienta a condição desejante do sujeito, é o próprio narcisismo, advindo de outrem, que anima e subjetiva essa materialidade reconhecida como corpo. E, ao mesmo tempo, o corpo deixa de ser só matéria orgânica.

A causalidade psíquica teria então, para Lacan, uma relação íntima com as primeiras identificações, a imagem e o narcisismo. Esses elementos se encontram presentes no esquema ótico utilizado pelo autor para apresentar a constituição subjetiva a partir de uma tríade: o bebê – o desejo materno – o Outro. O que está em jogo no estádio do espelho lacaniano é uma identificação primordial, isto é, "a transformação produzida no sujeito quando ele assume uma imagem." (LACAN, 1998b/1949, p. 97). Noutros termos, o assujeitamento que ocorre com o bebê ao ser capturado pelo campo imagético do olhar materno. "A função do estádio do espelho", diz Lacan, "é estabelecer uma relação do organismo com sua realidade." (LACAN, 1998b/1949, p. 100).

Essa relação sempre será alterada a partir de uma "discórdia primordial", é da ordem de uma impossibilidade encontrar um elemento apaziguador dessa alteridade e nisso está o movimento subjetivo característico da vida. Pois a passagem de uma identificação primordial à dialética do Eu nos enlaces sociais será mediatizada pelo desejo do Outro.

No estádio do espelho, a lógica constituinte é esquematizada no jogo entre um espelho côncavo posto em frente a um espelho plano, entre os dois há uma caixa aberta apenas para o lado do reflexo côncavo. Na ilustração lacaniana, ele coloca em cena um ramalhete de flores e um vaso. Dentro da caixa, estaria o ramalhete de flores inacessível a um olhar direto e sobre a caixa um vaso vazio. Com um olhar que visa o espelho plano mirando o reflexo causado pelo espelho côncavo, aquele que olha vê a imagem completa no reflexo do espelho plano: o vaso com as flores dentro.

Nesse esquema, o espelho plano seria o campo da linguagem, o universo dos significantes do Outro. Aquele que olha estaria relacionado ao desejo materno. Então, sintetizando, o olhar materno subjetiva a medida que tenta capturar o inacessível a partir de uma imagem constituída no campo linguajeiro do Outro.

Apresentando o esquema ótico por outra metáfora, colocando dentro da caixa um corpo como mero suporte orgânico – um *pedaço de carne*, o olhar materno – passando pelo crivo do Outro – alucina sobre o bebê uma causa do seu desejo, capturando-o. Em cima da caixa, já se constituiria uma forma imaginária do corpo – poderia se situar aqui a posição do Eu ideal proposta por Freud. Esse movimento primevo de captura do desejo materno implica a operação psíquica da alienação (LACAN, 2008).

Essa primeira operação apresenta uma captura que tenta de forma totalizante assujeitar o *sujeito-a-vir*. É o momento das primeiras inscrições e da abertura do campo subjetivo. Entretanto, só a alienação não opera a subjetividade em si. É necessário que, nessa captura, o Outro real – o desejo materno como representante do Outro da linguagem – apresente-se como faltoso. É da falta no desejo do Outro que se barra a tentativa totalizante de captura. Entra-se, aqui, na operação psíquica da separação em que aquilo que resta do que faltou no desejo materno move o sujeito a outros objetos, mas, agora, a partir do seu próprio desejo (LACAN, 2008). Retomando o estádio do espelho, há um atravessamento da imagem refletida no campo do Outro para uma apropriação dela, aí o sujeito estaria se deslocando para a posição do Ideal do Eu freudiano.

Numa outra maneira de apresentar o estádio do espelho, numa outra metáfora: um indivíduo cai em terras estrangeiras, desconhecidas e de costumes alheios. Sozinho nessa terra estranha, ele morreria facilmente. Entretanto, os habitantes desse local designam um intérprete para introduzi-lo aos costumes locais: o que pode ser comido, o que pode ser evitado, como se portar em determinadas situações, como falar etc. Se o indivíduo se nega a ser acompanhado do intérprete, também morreria facilmente. Mas, se ele aceita o intérprete, passa um determinado tempo dependente dele, contudo, haverá um momento em que estará fluente naquilo que era estranho num primeiro momento.

Nessa analogia, o intérprete seria o desejo materno subjugando o bebê – na metáfora aí, o indivíduo – ao universo da linguagem e possibilitando-o o advir de um sujeito. No esquema ótico lacaniano e nas operações subjetivantes, localizam-se as primeiras inscrições do psiquismo, os investimentos e posições narcísicas e, também, uma certa consistência da imagem de uma unidade corporal. Corpo este, reconhecidamente, situado na ordem pulsional. Os impasses que ocorrem aí supõem as posições subjetivas ante o sofrimento e ao mal-estar e é aí que se pode localizar diversas hipóteses para pensar numa clínica diferencial entre autismos e psicoses.

Laznik (2013/1997), numa releitura do circuito pulsional apontado pela teoria freudiana, indica que esse trajeto ocorre em três tempos. A autora faz esse percurso tomando como exemplo a pulsão oral.

Num primeiro momento, há uma busca ativa do bebê pelo objeto oral (o seio materno ou a mamadeira), essa busca se caracteriza pela tentativa do bebê de introjetar o objeto – o caráter canibal da fase (FREUD, 1905).

O segundo tempo indicaria uma dominância autoerótica no bebê, "[...] se ele é capaz de chupar sua mão, seu dedo ou então uma chupeta." (LAZNIK, 2013/1997, p. 27). Denota se nesse tempo a importância de uma causação pela via da *experiência de satisfação* (FREUD, 1905). Esse momento seria indicativo já de um gérmen desejante suposto a partir de uma alucinação desiderativa.

O terceiro tempo é aquele necessário para o estabelecimento do circuito pulsional e o que garante uma noção de satisfação pulsional. "Neste terceiro tempo, a criança vai se fazer objeto de um novo sujeito." (LAZNIK, 2013/1997, p. 27-28). A autora demarca aqui a necessidade do assujeitamento da criança a um outro, apontando aí a satisfação pulsional numa relação de cadeia.

A hipótese levantada pela autora supõe que uma possível organização de um autismo ocorreria no fracasso da instalação completa desse circuito pulsional. Essa proposta serve também para um diagnóstico diferencial entre as psicoses infantis e os autismos. Para Laznik (2013/1997), há a instalação do circuito pulsional nos casos de psicoses infantis, o terceiro tempo está lá. O que se apresenta dificultoso para a criança nessa posição é a fragilidade de um ponto de basta na relação com o desejo materno. "A alienação real da criança a este Outro primordial se instala muito bem. O que fracassa é, sobretudo, o outro pólo da subjetivação do sujeito: a função separadora produzida pela metáfora paterna." (LAZNIK, 2013/1997, p. 31). Aí está o quadro que indicaria uma posição psicótica. Na suposição de autismos, o fracasso do circuito pulsional sequer instala o momento do autoerotismo: "Se nós retirarmos o termo *eros* de auto-erotismo, nos encontramos face ao autismo!" (LAZNIK, 2013/1997, p. 29). Sendo afetado esse momento, fica implícito que a relação com o outro também é obstaculizada, visto que o autoerotismo entra em cena a partir de um investimento parental no *infans*. Em outras palavras, o autoerotismo não se trata de uma autonomia.

Maleval (2015) enfatiza outras diferenças entre as psicoses e os autismos, por exemplo, a ausência de delírios e de alucinações verbais – característicos de uma lógica psicótica, mas que não estão presentes na posição autística. Para o autor, a hipótese autista indica uma quarta estrutura clínica, além das neuroses, perversões e psicoses. O autista "[...] não produz nenhum delírio interpretativo" (p. 3). A inflação imaginária voltada para o corpo do psicótico não acontece nos autistas, "o sujeito [autista] jamais menciona uma ação exterior exercida sobre seu corpo." (MALEVAL, 2015, p. 4).

A via que o autista cria para circunscrever o corpo, no pensamento do autor, é pela via da "borda autística" – o que seria um ponto de contato do sujeito autista com o mundo externo.

Outro elemento diferencial apontado por Maleval é a questão de uma tendência à imutabilidade presente na lógica autista. Trata-se de uma manutenção autística de um mundo estático que não se abre para alteridades. "A imutabilidade revela que o autista é um sujeito a trabalho para assegurar um mudo experimentado, além do mais, como caótico e inquietante." (MALEVAL, 2015, p. 7). Diferentemente, as produções psicóticas são bastante fecundas e ricas ante a um mundo em constante movimento.

O critério do desencadeamento psicótico também marca uma separação com os autismos. "O momento de aparição dos distúrbios parece traçar uma linha divisória: a psicose se desencadeia, enquanto o autismo estaria presente desde o nascimento." (MALEVAL, 2015, p. 9). Os psicóticos rompem com a realidade externa, recobrindo-a com uma outra realidade. Os autistas seguem como se alheios à realidade desde sua constituição num esforço ativo em não participar desta.

Ferreira e Vorcaro (2017) também apontam diferenças nas organizações psíquicas possíveis nas psicoses e nos autismos. A hipótese autista reside no fracasso da constituição da imagem da unidade corporal. As autoras retomam os registros lacanianos do nó borromeu para diferenciar os autismos das psicoses. De forma sintética, nos casos de autismos, "[...] algo se passa no enodamento que exclui o Imaginário da ligação com as consistências do Simbólico e do Real." (FERREIRA; VORCARO, 2017, p. 72). No que é pertinente às psicoses, "[...] não é a consistência imaginária que está desenlaçada das outras, mas sim o simbólico." (FERREIRA; VORCARO, 2017, p. 72).

As autoras indicam também que a organização autística teria relação com um "grande embaraço na operação de alienação, constitutiva do sujeito" (FERREIRA; VORCARO, 2017, p. 73). Elas situam três leituras possíveis sobre esse embaraço: o sujeito estaria alheio da alienação; o autista estancaria no umbral do processo alienante ou o sujeito, na possibilidade de alienação, recusa-a. "Todas as crianças autistas estariam fora da alienação ou 'aquém da alienação' ou, ainda, na alienação, recusando-a." (FERREIRA; VORCARO, 2017, p. 76).

O autista fora da alienação implica uma quase total "exclusão do Outro", a produção de automatismos se presentifica como o grande impasse linguajeiro. O autista na "soleira da porta da alienação" se depara com possibilidades de operações significantes, isto é, seria possível, a partir do dispositivo analítico, "[...] fazer simulacro das operações constitutivas do sujeito." (FERREIRA; VORCARO, 2017, p. 76). Na posição de recusa na alienação, o autista estaria numa "impossibilidade da afânise", isto é, de avançar na operação de separação. As autoras apontam que nessa posição o sujeito sofre "[...] com a ressonância da linguagem em seu corpo." (FERREIRA; VORCARO, 2017, p. 76).

O que esses autores trazem como ponto de convergência em suas leituras e suas práticas com os autismos é a clínica pautada na singularidade do sujeito. É uma *práxis* em que a sutileza do analista se torna mais evidente. Tal manejo sutil não é exclusividade da clínica dos autismos, deveria ser característico do próprio desejo do analista. Levantar hipóteses de um diagnóstico diferencial entre psicoses e autismos convoca o psicanalista a manter *certa atenção* à sutileza da sua *escuta*. A clínica psicanalítica da dita primeiríssima infância e da própria infância é a clínica da sutileza.

Se Lacan (1998a/1946), ao criticar as hipóteses de um determinismo organicista da loucura, aponta que a causa do sujeito não recai num mero corpo, mas que há algo de uma escolha "insondável" do sujeito do inconsciente. A escolha do autista supõe uma *recusa ativa* ao assujeitamento no campo do Outro, "A escolha da criança autista indica uma maneira de lidar com o Outro que é sustentada a duras penas por um sujeito que tenta escapar do destino do sujeito do inconsciente: ter uma vida fugaz, em intervalos, desaparecer entre dois significantes." (CATÃO; VIVÈS, 2011, p. 89). Se numa intervenção a tempo, ou precoce, algo de uma causação ocorre, pode implicar uma outra escolha do autista: numa resposta.

REFERÊNCIAS

BEAUCHESNE, H. **História da Psicopatologia**. São Paulo: Martins Fontes, 1989.

BERNARDINO, L. M. F. **As psicoses não decididas na infância**: um estudo psicanalítico. São Paulo: Casa do Psicólogo, 2004.

CATÃO, I.; VIVÈS, J. M. Sobre a escolha do sujeito autista: voz e autismo. **Estudos de Psicanálise**, Belo Horizonte, v. 36, p. 83-92, 2011.

FERREIRA, T.; VORCARO, A. **O tratamento psicanalítico de crianças autistas**: Diálogo com múltiplas experiências. Belo Horizonte: Autêntica, 2017.

FREUD, S. Carta 52 (6 de diciembre de 1896). *In:* FREUD, S. **Obras completas Sigmund Freud**. Tercera reimpresión. Buenos Aires: Amorrortu 1896/1992. v. 1 (1886-99).

FREUD, S. Interpretação dos Sonhos. *In:* FREUD, S. **Obras completas Sigmund Freud** (1900/1996a).

FREUD, S. Três ensaios sobre a teoria da sexualidade. **Edição standard brasileira das obras psicológicas completas de Sigmund Freud**. Rio de Janeiro: Imago. 1905/1996b. v. 7.

FREUD, S. O início do tratamento. *In:* FREUD, S. **Observações psicanalíticas sobre um caso de paranoia relatado em autobiografia ("O caso Schreber"), artigos sobre técnica e outros textos (1911-1913)**. São Paulo: Companhia das Letras, 1913/2010a. v. 10.

FREUD, S. Introdução ao Narcisismo. *In:* FREUD, S. **Introdução ao narcisismo**: ensaios de metapsicologia e outros textos (1914-1916). Tradução de P. C. de Souza. São Paulo: Companhia das Letras,1914/ 2010b. v. 12.

FREUD, S. O Eu e o Id. *In:* FREUD, S. **O Eu e o Id**. "Autobiografia" e outros textos (1923-1925). São Paulo: Companhia das Letras, 1923/2011.

LACAN, J. Formulações sobre a causalidade psíquica. *In:* LACAN, J. **Escritos**. Rio de Janeiro: Jorge Zahar. 1998a. p. 152-194.

LACAN, J. O estádio do espelho como formador da função do eu. *In:* LACAN, J. **Escritos**. Rio de Janeiro: Jorge Zahar, 1998b. p. 96-103.

LACAN, J. **O seminário, livro 11**: os quatro conceitos fundamentais da psicanálise (1964). Rio de Janeiro: Zahar, 1964/2008.

LAZNIK, M. C. **Rumo à fala**: Três crianças autistas em psicanálise. Tradução de P. Abreu. Rio de Janeiro: Cia de Freud, 2011.

LAZNIK, M. C. Poderíamos pensar numa prevenção da síndrome autística? *In:* LAZNIK, M. C. **A voz da sereia**: o autismo e os impasses na constituição do sujeito. Salvador: Ágalma, 2013.

MALEVAL, J. C. Porque a hipótese de uma estrutura autística. **Opção Lacaniana online**, São Paulo, v. 6, n. 18, p. 1-40, 2015.

SOLER, C. **O inconsciente a céu aberto da psicose**. Rio de Janeiro: Zahar, 2007.

5

ROMANCES FAMILIARES E O INTERDITO: A FUNÇÃO PATERNA NA CONSTITUIÇÃO SUBJETIVA

Carla Renata Braga de Souza

A escuta clínica é uma construção diária e resultante de um trabalho realizado no estudo teórico, na prática e na interlocução com os pares, este escrito é resultado de reflexões apresentadas na primeira Jornada da Clínica da Infância e da Primeiríssima Infância (Cipi), "Do Sagrado ao profano: a infância em cena", realizado em junho de 2021, ainda na modalidade online, devido à pandemia de Covid-19.

Isso posto, remeto-me à clínica com crianças, escolhendo essa forma de designar a minha prática com aqueles que estão em seus primeiros anos de vida e momentos cruciais de constituição. Eles são aqueles que chegam para atendimento, geralmente, em nome de um terceiro que diz sobre seu mal-estar, geralmente seus pais, ou por alguém que ocupe um lugar parental na trama familiar dessa criança.

Porge (1998) aponta que o lugar do analista na clínica com crianças é equivalente ao do romance familiar para a constituição do sujeito, ou seja, restituir o lugar infantil dos pais que foi perdido à medida que a criança se constitui. Em outras palavras, podemos dizer que ao passo que a criança se depara com o Outro faltoso, ela se volta para figuras além da sua família nuclear.

Sobre isso, destaco a função do romance familiar em um processo de análise, à medida que o analista – segundo Porge (1998) – ocupa esse lugar de função do romance familiar, por outro lado, a análise viabiliza para que haja a construção de um outro romance familiar, uma vez que este tem uma função essencial para o sujeito: permite-o que ocupe o lugar de narrador da própria história. Em outras palavras, a criança em análise passa a recontar sua história, construindo uma narrativa sobre si.

É preciso que também haja um trabalho de construção de um romance familiar para a criança atravessar o momento de angústia que dá ensejo para sua chegada ao atendimento. Situo o Complexo de Édipo e sua elaboração como momento crucial na constituição da criança para que essa construção do romance se coloque em franco funcionamento.

5.1 O COMPLEXO DE ÉDIPO COMO MITO ORGANIZADOR DO PSIQUISMO

Quando Freud institui o mito do Édipo como metáfora para representar a forma como o sujeito se organiza psiquicamente em torno da impossibilidade de completude e da vivência social, ele funda o Complexo de Édipo como um processo de constituição psíquica do sujeito, tornando-o um marco na psicanálise, em torno do qual outros psicanalistas irão desenvolver suas teorias sobre a criança.

É no que Freud (1924/2011a) vem chamar de dissolução do Complexo de Édipo, na qual há uma saída para a criança, pois com a entrada do pai na relação mãe-filho – tornando-se o terceiro –, ele estabelece a interdição do incesto e a ameaça de castração. Assim, o sujeito entra no tempo psíquico de latência e o que era curiosidade frente ao sexual, passa a ser direcionado para o mundo.

> Os investimentos objetais são abandonados e substituídos pela identificação. A autoridade do pai ou

> dos pais, introjetada no Eu, forma ali o âmago do Super-eu, que toma ao pai a severidade, perpetua a sua proibição do incesto e assim garante o Eu contra o retorno do investimento libidinal de objeto. As tendências libidinais próprias do complexo de Édipo são dessexualizadas e sublimadas em parte, o que provavelmente ocorre em toda transformação em identificação, e em parte inibidas na meta e mudadas em impulsos ternos. (FREUD, 1924/2011a, p. 208-209).

Para Freud, o Complexo de Édipo como um processo inconsciente essencial para a constituição do sujeito, que repercute na forma como ele irá se posicionar frente aos eventos futuros de seu cotidiano, uma vez que a forma como cada sujeito passa por ele irá influenciar no lugar que ocupará nos laços sociais e que posição ocupa frente à castração (FREUD, 1924/2011a). Devido a isso, é possível afirmar – e não seria a primeira vez – que o Complexo de Édipo é constantemente revisto e revisitado ao longo da vida do sujeito, evidenciando o atravessamento do que foi construído na infância. Por outro lado, o Complexo de Castração – momento em que a criança se dá conta da castração – somado ao Complexo de Édipo aponta para como o sujeito lida com a incompletude e as saídas psíquicas construídas a partir disso.

Lacan (1957-58/1999) aborda o Complexo de Édipo como uma relação inicialmente triádica entre a mãe, o falo e a criança, que nesse momento coincide como sendo também o objeto de desejo da mãe. A mãe recobre esse bebê de cuidados básicos para sobrevivência ao mesmo tempo em que também o recobre de significantes, capturando o sujeito em seu circuito de desejo. É nesse momento que o sujeito está subjugado ao desejo do Outro, o que Lacan (1957-58/1999) demarca como o primeiro tempo do Édipo, em que a criança se relaciona com o desejo materno, principalmente.

A intervenção do pai no campo do imaginário, nesse momento, não é, necessariamente, o pai real que imporá a lei, mas sim o discurso materno, que transparece a obediência dessa mãe a uma lei que não a dela, a partir da introdução da metáfora paterna em substituição ao desejo materno. Por conseguinte, há uma reestruturação dos objetos maternos – a voz, o olhar e o significante – em que o que passa a prevalecer seria o Nome-do-Pai, que inscreve a função simbólica. Em outras palavras, o Nome-do-Pai entrará nessa relação como mediador entre mãe e filho, trazendo consigo outro significante, que substituirá o materno.

No terceiro e último tempo, a criança vê um rival com quem disputa o desejo dessa mãe. Há a intervenção do pai real, demonstrando que possui o falo e que a criança não é o falo da mãe, permitindo à criança a formação do supereu e a entrada no simbólico. Dessa forma, Lacan apresenta o Complexo de Édipo em três tempos, retratando a passagem de uma relação imaginária para uma relação simbólica.

Nesse contexto, tem-se que a função paterna ocupa um lugar para a constituição de sujeito quando ela instaura a castração, ou seja, estabelece o interdito, para a mãe e a criança. Essa parte em busca de uma construção de uma saída, podemos chamar de "Romance Familiar", o que esse sujeito se põe a tentar construir como forma a lidar com a falta. Isso o coloca a trabalhar a partir de seus recursos simbólicos e, talvez, construir seus próprios recursos. Nesse momento, não raro, a criança pode vir a apresentar questões que a levam ao encontro com sua análise.

5.2 ROMANCES FAMILIARES NA CONSTITUIÇÃO DO SUJEITO

No texto "O romance familiar dos neuróticos", Freud (1909/2015) anuncia sua pretensão na primeira linha, que é apresentar como o dito neurótico, o qual ele ainda chamada de "normal" na época dessa escrita, ficcionaliza – romanceia, narra etc. – o processo psíquico que implica o que ele chama de "desprender-se da autoridade dos pais" (p. 420). Isso não ocorre sem impacto, uma vez que ele continua na mesma página, com grifo meu: "é uma das realizações mais necessárias e também mais dolorosas do indivíduo em crescimento. É *absolutamente* necessário".

Aqui não há como propósito discutir um caso clínico específico ou mesmo sua construção, ele nos mostra como a narrativa da história do sujeito se dá por meio da observação do que ele chama de "romance familiar" (FREUD,1909/2015). Nele, vislumbra-se o movimento, o trabalho psíquico do sujeito imbuído nessa reconstrução e reposicionamento de seus laços parentais e sociais sob a perspectiva de dois estágios: um assexual e outro sexual.

No primeiro, uma dita fase "pré-fálica", a criança se depara com pais como única fonte de autoridade e crença, tornar-se como aquele ou aquela é um dos desejos mais intensos. No entanto, ao passar do tempo, da vida cotidiana e das convivências com outros pais, a criança se depara com uma situação: os pais não são perfeitos, eles causam insatisfação. Além disso, há outros interesses para esses pais além da própria criança, ou seja, ela é preterida – ou assim se sente – em algum momento.

Para lidar com essa insatisfação, a criança recorre a um recurso psíquico que Freud (1908/2015) havia discutido em um texto anterior[1]: os devaneios, os quais têm a função de realização de desejos, por meio da reformulação da realidade. Não raro, a criança então devaneia ter outros pais que não estes que a deixam insatisfeita, são pais de alto valor social. No entanto, para isso ela se utiliza do arsenal simbólico que já possui, ou seja, os pais nobres apresentarão características daqueles pais onipotentes da primeira infância.

Já em um segundo momento, a interdição se coloca e a criança descobre uma incerteza na paternidade: "o *pater semper incertus est*, a mãe é *certíssima*," (FREUD, 1909/2015, p. 422). Nesse momento da constituição psíquica, que Freud já havia elaborado anteriormente[2], é quando a criança se depara com as diferenças sexuais. O romance familiar vai adquirindo outros contornos, com diversas possibilidades de pais, em que a mãe – está sempre certa – poderia ter outros parceiros sexuais, o que colocaria a criança como filho de algum indivíduo formidável.

---

[1] Freud (1908) "O escritor e a fantasia".
[2] Verificar o texto freudiano "Três ensaios sobre a teoria da sexualidade" de 1905.

Examinando mais detidamente essas aventuras, vê-se que o pai é elevado, e Freud afirma que "todo o empenho em substituir o pai verdadeiro por um mais nobre é apenas expressão da nostalgia da criança pelo tempo feliz perdido" (p. 424).

O "herói fantasiador", ou a criança, faz as elaborações necessárias para dar conta dos anos posteriores, os quais a onipotência parental era um lugar de garantia felicidade. Apesar dessa nostalgia, "o pai é, com efeito, o pivô, o centro fictício e concreto da manutenção da ordem genealógica, que permite à criança se imiscuir de maneira satisfatória num mundo que, de qualquer maneira que se avalie, cultural, natural ou sobrenaturalmente, é aquele onde ela nasce. É um mundo organizado por essa ordem simbólica que ela faz sua aparição, e é isso que ela tem que enfrentar" (LACAN, 1956-1957/1995, p. 410) renúncias necessárias para estar em determinada ordem simbólica.

Há, nesse texto a exposição da existência de uma construção ficcional feita pelo sujeito ainda na primeira infância e que terá sua continuidade até a adolescência, pelo menos, a qual diz de uma saída subjetiva que é revestida da singularidade daquele que a constrói, tendo como uma das funções apontadas por Freud (1909/2015) restituir o lugar dos pais, ainda que não seja mais o mesmo.

Justamente pensando na construção do lugar daquele que ocupa a função paterna, como o que realiza o interdito e suas implicações, é que esse texto também se delineia. Lacan (1957-8/1999, p. 166) afirma que "a função de pai tem seu lugar, um lugar bastante grande, na história da análise. Está no centro da questão do Édipo.".

A análise pode ser considerada como uma via por onde a criança constrói um romance familiar para dar conta do encontro com o interdito. Uma vez que essa função paterna dá organização na constituição subjetiva e o sintoma surge como forma de apontar para a necessidade de uma outra construção simbólica, nesse caso considera-se o romance familiar adquirindo o estatuto de uma narrativa endereçada ao analista. Nesse processo analítico de reconstrução, a criança se lança a um reposicionamento dos laços, um ensaio para o que virá na adolescência.

A criação de um romance familiar marca, para o sujeito, um momento em que ele precisa lançar mão de seus recursos simbólicos para fazer algo com a falta que se escancara à sua frente, especialmente perante demandas advindas do social, as quais requerem de si uma resposta singular com alicerce em sua narrativa de existência como sujeito separado dos pais.

A criança se volta para as realizações culturais e "os historiadores da civilização parecem unânimes em admitir que poderosos componentes são adquiridos para toda espécie de realização cultural por este desvio das forças instintivas sexuais dos objetivos sexuais e sua orientação para objetos novos." (FREUD, 1905/1998, p. 182).

Nos romances familiares vemos a construção de uma narrativa psíquica do sujeito que, quando em análise, acontece durante o processo. Ao deitar-se no divã, o analisando se põe a falar como os personagens da sua vida ocupam lugares que fazem ressoar nele modos de defrontar-se com o que lhe fora e é interdito.

Assim, convocando-o a se reposicionar e como todo herói, tornar-se protagonista da própria história que passa a ser narrada em primeira pessoa.

A criança, que não se deita propriamente no divã, encena esse momento por meio do brincar. Ela, ao se constituir como sujeito, faz do interdito uma passagem para a civilização que chega a ela com demandas de um futuro que é, inicialmente, imaginado.

No curso da constituição do sujeito, demandas advindas do outro "forçam" para que essa criança cresça, ou seja, não há uma linha evolutiva a qual o sujeito deve se submeter, mas há uma lei simbólica que põe o sujeito a lidar com a castração que é apontada por ela, nesse sentido, a demanda de um Outro do social pode vir a influenciar esses acontecimentos. Essa situação marca a entrada ao conhecido período de latência, conforme Freud (1905/1998, p. 183), afirma ao escrever que: "A isso acrescentaríamos, por conseguinte, que o mesmo processo desempenha um papel no desenvolvimento do indivíduo e colocaríamos seu início no período de latência sexual da infância".

Nessa direção, as conquistas culturais continuam a acontecer, em se tratando de crianças que estão diretamente relacionadas à aquisição de novas habilidades escolares – a leitura e a escrita – e sociais. Na formação de laços entre os pares, por exemplo, a escola passa a figurar para essa criança como um espaço em que "a criança faz (ou não faz) seus primeiros laços sociais fora da família [...] é o primeiro 'teste' de separação concreta que a criança e a mãe têm de suportar" (FERREIRA, 1999, p. 90).

A criança, ao se deflagrar num momento de mal-estar, também constrói uma posição psíquica como tentativa de saída desse mal-estar caracterizado como encontro com o faltoso. Como formas de, não somente, dar bordas a esse vazio, *ex nihilo*, mas também como um meio de construir uma resposta para o enigma que se põe diante de si a respeito de quem é ela mesma, a criança cria. A criança produz para si mesma uma saída no vazio, a qual será revista num a posteriori, quando ela revê todo o processo pelo qual passou na infância.

A resposta de uma criança se dá em função do que se inaugura, é por meio de sua atividade criativa, em que a construção de uma saída ficcional a guiará, de alguma forma, por um percurso que ela mesma ergue, podendo assinar ali seu nome, ou seja, poderá inscrever uma marca própria (POMMIER, 1992). Saindo das cenas analíticas para sustentar as cenas do quotidiano que ainda estão por se escreverem.

Talvez não impossível, mas no campo do não ainda. Como um a posteriori que se concluiria quando esse sujeito estivesse já na adolescência, quando à medida que o tempo de análise vai transcorrendo, a construção da novela familiar vai se delineando e as questões acerca do enigma da sexualidade e da morte seriam atravessados.

> Portanto, atravessar a problemática do Complexo de Édipo e o buraco da castração é crucial na psicanálise cm a criança. Trata-se de franqueamentos em que sua posição em relação ao desejo do Outro vai sendo sacudida, questionada, produzindo-se

o *Che vuoi?*. Esta pergunta pelo desejo do Outro é essencial para localizar-se, na estrutura, em relação à falta do Outro (VIDAL, 2001, p. 19).

O que era dos pais e provocava na criança um sintoma como resposta, parece não mais ocupar esse lugar. A criança constrói um saber em torno desse vazio: "Cada análise que para, para sobre uma conclusão que poderia, no mínimo, ser formulada assim: já é o bastante" (SOLER, 1995, p. 41). O tema sobre fim, ou não, da análise com crianças já é trabalho para outro momento, retomemos o que se impõe para a criança como romance familiar em dado momento da análise.

5.3 "O QUE É QUE A VIDA VAI FAZER DE MIM?" – CONSIDERAÇÕES FINAIS

O futuro vai se impondo, presentificando-se, trazido por uma interrogação, um enigma posto ali semelhante ao que Chico Buarque canta na música "João e Maria", e que a criança – em análise – dirige como pergunta a si e ao analista: "O que é que a vida vai fazer de mim?". Indicando nesse momento o desamparo, que pode vir a surgir como um medo de ficar sozinha. Avessamente apontando que aqueles adultos que, até então, foram companhia, de alguma forma, não eram mais suficientes para dar conta de um futuro. Seria preciso inventar novos recursos simbólicos para isso, um romance familiar.

Uma criança, em seu processo constitutivo, vai se deparando com o desamparo que é constituinte ao sujeito. No enfrentamento dos seus medos, há o maior deles: o de ficar só. Em um dado momento do atendimento com uma criança ao expressar o medo quando não há um adulto por perto, questiono: "Mas o que pode acontecer se você estiver sem um adulto?". Eis que vem a resposta: "**Tudo** pode acontecer!". O que essa criança poderia fazer diante desse tudo, que engloba tanta coisa? Tudo é bastante coisa. As bordas vão sendo construídas, os brinquedos escolhidos, as narrativas construídas. As estórias mais mirabolantes vão surgindo e encontrando pontos de entrecruzamento à sua própria. Ela vai construindo nomes e saídas no percurso da análise. Freud (1909/2015) afirma em "O romance familiar dos neuróticos" que há uma construção ficcional feita pelo sujeito, versando sobre a saída que o sujeito dá quando se depara com os pais faltosos.

Reescrever, recontar, reposicionar-se diz do lugar outro que o sujeito constrói para si na análise. Sair da questão "o que a vida vai fazer de mim?" para "o que farei do que a vida fez de mim?". Lendo, aqui, vida sob duas perspectivas: como aquele romance que lhe é dado antes mesmo de nascer – o banho de linguagem; e, como o romance advindo a partir do momento em que o interdito colocou uma barreira no Desejo Materno que é absoluto, isso pode ser assustador em um primeiro momento para a criança, mas também a traz para uma organização de si para construir uma resposta própria e singular, o medo, como sofrimento já pode apontar para uma tentativa de isso acontecer.

Ao se debruçarem nos estudos sobre a família, os psicanalistas apontam para o que há da ordem da transmissão, em que há uma instância formada pelo laço entre aqueles que ocupam as funções parentais, os quais dão condições mínimas e necessárias para a existência e o que havia o desdobramento para a fundação da subjetividade de um bebê. A família tem função de resíduo, seja ela em qual configuração for, entende-se ela como "estrutura básica, necessária e contingente, assegurada pelo exercício das funções materna e paterna, para a transmissão dos elementos para a constituição da subjetividade" (TEPERMAN, 2020, p. 20).

É diante da perda que há a capacidade de invenção de um outro lugar na ordem geracional do sujeito. Maria Clara, uma criança que havia chegado para análise por destruir tudo e não conseguir comportar-se, em dado momento do processo passa a convidar a mãe para ver o que vinha fazendo na análise, mostra suas pinturas, renomeando o que a mãe nomeia erroneamente: "sou uma artista, não vê?! Então vou te dizer", depois desse dia, há outro convite, a criança em dado momento convida a mãe e os irmãos para jogarem o "Jogo da Vida".

Antes havia o banho de linguagem – um lugar era dado por um Outro para que o sujeito adquira existência –, ela vai se apropriando de si nesse processo. O interdito abre para o sujeito a capacidade de poder ocupar o primeiro lugar que poderá construir para si a partir do que fala da sua própria história, ou seja, um romance familiar é escrito para responder, momentaneamente, o enigma de seu lugar na ordem familiar.

REFERÊNCIAS

FERREIRA, T. **A escrita da clínica**: psicanálise com crianças. Belo Horizonte: Autêntica, 1999.

FREUD, S. **Três ensaios sobre a teoria da sexualidade**. Rio de Janeiro: Imago, 1095/1998.

FREUD, S. A dissolução do complexo de Édipo. *In*: FREUD, S. **Obras completas**. São Paulo. Editora Companhia das Letras, 1924/2011a. p. 193-195.

FREUD, S. **O escritor e a fantasia**. Rio de Janeiro, 1908/2015.

FREUD, S. **O romance familiar do neurótico**. Rio de Janeiro: Imago, 1909/2015.

TERPERMAN, D. Um laço chamado desejo. *In:* TEPERMAN, D.; GARRAFA, T.; IACONELLI, V. **Laços**. Belo Horizonte: Autêntica, 2020. p. 11-24. (Coleção Parentalidade e Psicanálise)

LACAN, J. Nota sobre a criança. *In*: **Outros Escritos**. Rio de Janeiro: Zahar. 1969/2003.

LACAN, J. **As formações do inconsciente** (Seminário livro 5). Rio de Janeiro: Jorge Zahar, 1957-58/1999.

LACAN, J. **Seminário - Livro 4, A relação de objeto**. Rio de Janeiro: Jorge Zahar, 1956-57/1995.

POMMIER, G. **O desenlace de uma análise**. Rio de Janeiro: Zahar, 1992.

PORGE, E. A transferência para os bastidores. *In*: **Littoral**: a criança e o psicanalista. Rio de Janeiro: Companhia de Freud, 1998. p. 7-19.

SOLER, C. **Varáveis do fim da análise**. Campinas: Papirus, 1995.

VIDAL, M. C. V. Quando chega ao final a análise com uma criança? *In:* VIDAL, M. C. V. de (org.). **Quando chega ao final a uma análise com uma criança?** Salvador: Ágalma, 2001. p. 13-26.

6

TORNAR-SE MULHER: A PRODUÇÃO DISCURSIVA ACERCA DA FEMINILIDADE

Camila Guimarães de Paula Pessôa

O que é uma mulher?
"A mulher é a Outra, a estrangeira, a sombra,
a noite, a armadilha, a inimiga."

(Michelle Pirrot)

Porque era uma estranha, uma desconhecida
Como são todas as mulheres para mim.

(Nelson Rodrigues)

Na atualidade, cada vez mais nos deparamos com mulheres que não se questionam acerca de sua feminilidade, como: o que é uma mulher? Na verdade, não se percebem como as outras, mas diferentes.

Elas afirmam que não são "mulherzinhas" ou mães amorosas, pois não gostam das coisas relacionadas ao universo feminino, como fazer compras de roupas e artigos considerados desnecessários, arrumar-se em um salão de beleza ou ser romântica, e sua vida ter como prioridade a maternidade, além de sempre sentirem que seu pensamento é mais semelhante ao dos homens, isto é, prático e assertivo.

Logo, o questionamento que apresentam na clínica é sobre suas capacidades e potências. De tudo poderem e não alçarem limites, contudo, tamanha potência vem mergulhada em uma grande culpabilização. A potência paga um preço, gera uma dívida. E essa dívida é paga ao encararem suas tragédias como um sofrimento que faz parte de suas vidas.

Um dos fatores que se pode supor como desencadeante desse processo subjetivo na mulher foi a mudança de sua posição na sociedade, que não se restringe mais ao papel de mãe e esposa. A mulher, hoje, saiu do lar e adentrou os espaços ditos antes como masculinos, do trabalho, dos estudos e do dinheiro.

Soler (2005) afirma que a mulher contemporânea, diferente da moderna, não recai sobre a reinvindicação feminina do falo, em um posicionamento histérico, mas em uma posição obsessiva, não estando mais na lógica do ter, e sim do ser. Na mulher atual, encontram-se outros destinos que não mais se restringem a ser ou não mãe. Nesse seu posicionamento obsessivo, encontram-se a inibição e as procrastinações, em que as decisões e realizações são adiadas ou não manifestadas.

Com a emancipação feminina, aumentam as possibilidades de as mulheres agirem de acordo com a função de seus desejos, podendo optar ou não: pelo casamento, por ser mãe, trabalhar etc. Isso gera inibições em suas escolhas, caindo no discurso de que tudo que não é proibido se torna obrigatório. As mesmas recusas de tomadas de decisões comuns nos obsessivos são também no discurso feminino, com hesitações frente a decisões primordiais, em especial no campo amoroso. Com isso, observa-se esse constante adiamento de união ao homem e de ter o filho, sempre em busca do momento idealizado, ou seja, procrastinam na decisão do desejo (RIBEIRO, 2011),

Doutora, de repente eu me dei conta que minha mãe vai morrer em breve, e o que vai me restar? Eu sempre achei

> *que não era o momento certo e fui adiando de casar e ter filhos. Eu sempre sonhei em ter um filho e um casamento, mas estava tão ligada aos cuidados da minha mãe que fui adiando para o momento certo. E agora me indago: não é da ordem do impossível esses desejos?* (BELAS).

Assim, também observo na clínica a necessidade dessas mulheres de se sustentarem no significante. Elas creem nesse significante, na palavra do Outro. O que na clínica é facilmente constatado, pelo fato de as pacientes não suportarem a perda dos seus significantes fálicos, em que a demanda de análise está no fato de não saberem lidar com a perda do homem (marido, namorado ou pai) ou dos representantes fálicos: trabalho e estudo.

Outra particularidade e ambiguidade nessa clínica é que essas mulheres são extremamente belas, têm algo que não se explica em palavras, o simbólico não dá conta delas, algo que as destacam, porém são desleixadas em suas aparências, cabelos descuidados, roupas simples. Elas escondem sua beleza como se fossem estigmas de um castigo, como se a beleza fosse punição, deflagrando o seu gozo em excesso.

Logo, em suas organizações subjetivas, essas mulheres querem ser necessárias e não desejáveis. O contraponto dessa extrema beleza é um tamponamento dessa erogenização do corpo, um velamento por meio da morte. Tais mulheres, de modo geral, não têm cores ou vida e fascinam em sua beleza morta. E é nessa morte que encontramos o resquício do feminino.

Partindo da reflexão freudiana, podemos inferir que Freud (1933/2010), ao longo de sua teoria, indagou-se sobre o enigma da natureza feminina, sem nunca chegar a uma definição do que seria uma mulher, mas buscou construir esboços sobre o "o que quer uma mulher". O autor afirma que a primeira diferenciação feita sobre um ser humano é a de inquiri-lo sobre seu sexo (homem ou mulher). O senso comum faz essa distinção pela ciência anatômica dos órgãos genitais.

Pode-se inferir que tanto na clínica como na sociedade se observa uma foraclusão do sujeito com o discurso do capitalismo e da ciência. Não existe espaço para a diferença, a falta e o desejo. Eis que nesse contexto se destaca outro tipo de mulher: útil, diferente da imagem clássica da mulher histérica, com um discurso racional e sem buracos, que apaga seus desejos e vive na tentativa de atender todas as demandas do outro.

Assim, o modelo teológico metafísico de um único sexo masculino, e o feminino como categoria de um masculino inferior, vigorou da Antiguidade até o século XVIII (NERI, 2005). Apenas a partir do iluminismo é que passa a existir uma prevalência do sexo anatômico na definição do gênero, sendo apresentado um novo modelo científico orgânico de dois sexos: introduzindo a diferença sexual anatômica. Agora, a diferenciação é no corpo e não mais divina, do espírito.

Com o desenvolvimento da Biologia no século XIX, passou-se a conceber apenas biologicamente o ser do homem e da mulher por características anatômicas e fisiológicas. Desse modo, surgiram dois sexos com caracteres sexuais primários e secundários que os diferenciam. Por fim, no século XX, com o advento da genética, tornou-se impossível estabelecer similitude entre homem e mulher, uma vez que apresentam um registro cromossômico diferente, ainda existindo, segundo Birman (2001), a diferença sexual hormonal.

A partir desses novos registros é que foi tecido, na Modernidade, o ser da mulher em sua diferença sexual por meio da construção do instinto natural da maternidade, o que pautou a mulher na imagem de mãe e na finalidade específica de permitir a reprodução da espécie. Desse modo, o paradigma da diferença sexual pode ser elucidado em torno da imagem da mulher como mãe, portadora da feminilidade. Segundo Pirrot (2005), esse discurso do século XIX acerca da mulher era pautado sobre sua fraqueza, em que se explicava a natureza feminina por meio da ordem biológica, ou seja, por meio do orgânico era determinado o papel social feminino. Assim, ela era vista como detentora de um corpo frágil, delicado e subjugado a certas inconstâncias de humor, devido às regras mensais. Freud veio com um discurso diferenciado do determinismo social.

Esse século foi marcado ainda pela necessidade de se construir e solidificar um modelo ideal de família burguesa, formada pela tríade: pai, mãe e filhos. Nesse modelo, o papel da mulher se constituía em ser a guardiã e protetora do lar, seu dever estava tanto na higienização dos corpos como dos ambientes, além de cuidar da moralidade.

Ainda segundo Alonso (2011), houve um movimento de naturalizar os destinos pulsionais das mulheres no século XIX. A cultura do período ocidental definiu a maternidade como único destino possível à mulher (PIRROT, 2005), ou seja, a procriação e o cuidado dos filhos para seus destinos de pulsão.

Somente após a Revolução Francesa é concedido à mulher um lugar na sociedade, de acordo com Neri (2005). A mulher não seria mais inferior ao homem, contudo teria suas especificidades e diferenciações sendo dotadas de características biológicas para a maternidade, destinadas ao espaço privado. O iluminismo irá reforçar através da razão científica que o feminino está relacionado à natureza e às paixões, excluindo-o do espaço público e político da racionalidade.

A partir da Modernidade, observamos o deslocamento das representações universais, com a inserção do feminino do campo histórico, emergindo a necessidade de se questionar a alteridade e a problemática da diferença entre os sexos. Um novo discurso é produzido entre o século XIX e XX, por meio da voz feminina das histéricas, que marca o encontro entre a psicanálise e o feminino. "A psicanálise se apresenta como o primeiro discurso no Ocidente que se funda a partir de uma interrogação sobre o feminino, e que coloca no cerne de sua interrogação a questão da diferença de sexos" (NERI, 2005, p. 91). A psicanálise, juntamente do romantismo, remove a mulher de seu silêncio e exclusão, transformando-a em fonte de interrogação e inspiração.

O discurso da psicanálise dá voz ao feminino. A psicanálise nasce sobre a ótica feminina do discurso e corpo histérico, em seu teatro de cores, e não sobre as ruminações mentais do campo masculino da neurose obsessiva. Desse modo, a histeria rompe com a lógica da razão com seu corpo encarnado, descentrando o sujeito dessa razão, apresentando o que é o sujeito desejante da psicanálise (NERI, 2005).

O Brasil teve duas grandes forças formadoras das mentalidades na República Velha que produziram os discursos sobre o papel social da mulher: um foi a religião lusa e o outro foi o positivismo de Comte, que foi a base da formação filosófica da República Velha.

As mulheres da elite eram um pequeno segmento da população, devido à sua condição privilegiada no século XIX. Contudo, viviam em estruturas sociais e culturais criadas por homens, baseadas na ideia de superioridade intelectual e emocional masculina, na qual as mulheres deveriam viver sob suas tutelas. Assim, o lugar de privilégio dessas mulheres não advinha de si mesmas, mas do status de seus maridos ou pais (HAHNER, 2012).

Nesse período, as mulheres da elite brasileira não tinham o mesmo padrão de erudição das europeias, uma vez que a grande maioria não sabia ler ou escrever. Diferentemente da população de baixa renda, elas viviam majoritariamente no interior de suas casas, resguardadas dos olhares masculinos. Essa sociedade brasileira se caracterizava pelo patriarcado, ou seja, o poder era detido pelo homem, em que o pai e o marido tinham domínio e propriedade sobre seus filhos e esposa.

De acordo com Hahner (2012), aos 13, as mulheres eram risonhas e atraentes, e aos 14 já eram obrigadas a assumir as atividades do lar. Aos 18 anos, a sua natureza atingia a maturidade completa e logo em seguida se tornaria corpulenta para, aos 25 anos, ser considerada pela sociedade como uma velha. A essas mulheres só restava a reclusão, sendo-lhes permitido saírem apenas para ir à igreja, preservando, assim, a sua integridade, que servia de garantia para os homens de comprovação da paternidade de seus filhos, não ocorrendo problemas na hereditariedade e repasse das heranças. A única possibilidade de independência diante do poder patriarcal nesse período era a viuvez, oferecendo-lhes a oportunidade de se tornarem chefes de família, gerindo os patrimônios de seus maridos.

Os paradigmas do patriarcado não permitiam que as mulheres adentrassem o espaço público e a política, pois deviam ser domesticadas e reprimidas frente à força masculina. A igreja, por sua vez, reforçava esses paradigmas, avigorando o sacrifício pessoal feminino e sua dedicação à família com resignação. Antagonicamente, a igreja era a única saída das mulheres para fora dos muros de suas casas e possibilitava um lugar de atividade e autonomia de cada uma delas na criação de associações religiosas e trabalhos filantrópicos (HAHNER, 2012).

A mulher da elite brasileira, no entanto, começou a ter sua rotina modificada, em especial, na cidade, com a vinda da família real ao Brasil, em 1808. Nesse período, as mulheres passaram a frequentar bailes, saraus, teatro e os parques para caminhadas ao ar livre. Tudo isso exigia que tivessem habilidades sociais e talentos para entreter e receber bem os convidados: precisariam ser cultas para uma boa conversa, tocar instrumentos, cantar, ter um porte refinado no vestuário e posturas, além de falar línguas e possuir habilidades manuais (PRIORE, 1993).

Ismério (1995) afirma que a melhor forma de interferir na educação da mulher seria por meio do casamento, delimitando as idades e como deveriam ser os enlaces amorosos para as núpcias. O casamento passou a ser uma das incumbências médicas, visto que era questão de higiene sexual, que assegurava uma boa saúde à população.

De acordo com Ismério (1995), o sexo na sociedade positivista só era possível em função da reprodução, em que a mulher não poderia sentir qualquer tipo de desejo sexual, para não destruir a pureza da maternidade e da moralidade da esposa.

O corpo histérico é marcado por um excesso pulsional na economia subjetiva que as palavras não podem dizer, apresentando um corpo de verdade, que desvenda uma verdade que se manifesta sobre a forma feminina. "A mulher seria a figura emblemática do corpo subjetivo do sujeito, apontando para a divisão do corpo e para a divisão do sujeito" (NERI, 2005, p. 97). O corpo histérico remete à cena inconsciente.

Ao longo de toda a obra de Sigmund Freud (1905/2002), observamos certa hesitação frente à problemática da feminilidade, o chamado *continente negro*. Observa-se a existência de um monismo sexual, que permanece até a puberdade. A primeira das teorias sexuais de Freud (1905/2002) é a de que só existe um aparelho genital para ambos os sexos, portanto o único órgão genital que se inscreveria na criança seria o masculino. O pênis é o representante desse órgão no menino e o clitóris na menina. O pesquisador salienta a existência do complexo de castração tanto no garoto como na garota, para a inscrição da lei e construção específica da mulher, com sua inveja do pênis. Apenas após a puberdade, há uma distinção entre os sexos, ocorrendo a diferenciação entre masculino e feminino.

De acordo com Soler (2005), a diferenciação sexual no inconsciente é significada a partir da lógica de ter ou não o falo, já as pulsões parciais não significam essa diferença. Logo, como foi mencionado em Freud (1924/2011), o mito de construção do homem é o Édipo, porém esse complexo não produz a resposta ao "o que é uma mulher?". "O Édipo faz o homem e não faz a mulher" (SOLER, 2005, p. 188).

Portanto, conclui-se que as primeiras discussões acerca da mulher na teoria freudiana, de acordo com Soler (2005), advêm da diferença anatômica de ter ou não o pênis. A identificação sexual do sujeito ocorre por meio do medo de perder ou não o falo naqueles que o têm, e da inveja de possuí-lo, por aqueles que se vêm privados. Por meio da definição de ser castrada, emerge a feminilidade, ou seja, a mulher é aquela que apresenta a falta do falo, o que a incita a buscar o amor de um homem como forma de deter esse falo. Inicialmente, incide sobre o pai, e posteriormente ocorrem deslocamentos para os namorados futuros, por transferência. Ela se inscreve, assim, no lugar de ser "a mulher de um homem pelo amor".

É exatamente nesse posicionamento que a neurótica obsessiva na atualidade vai se colocar. Indagada sobre "o que é uma mulher?", ela responderá ser a de um homem, buscando sua sustentação no significante fálico. A grande questão na neurose obsessiva é que nada deve faltar, tudo tem de estar completo. É justamente nessa injunção com esse homem que ela busca essa completude. Tanto que quando essas mulheres perdem esses homens são tomadas de uma imensa angústia frente ao vazio, demanda essa que faz muitas buscarem a clínica psicanalítica (RIBEIRO, 2011). Elas dizem: "*Eu estou enlouquecendo com essa angústia, não paro de pensar, não suporto pensar o tempo todo, não entendo porque meu marido me deixou.*" (BELAS). "*Doutora, eu já não sei quem eu sou. Eu era a mulher dele, fazia tudo como ele dizia, eu era o que ele falava ser uma mulher casada, como era ser mulher dele. E agora, sou o quê?*" (BELAS).

Todas as Belas apresentadas neste trabalho possuem uma forte ligação com um homem, representado no pai ou no marido. A partir do discurso desse homem, elas construíram suas identidades, falando por meio desse outro/mestre. Logo, ser mulher é ser o que esse homem determina que ela seja. Uma vez perdendo a palavra designatória do homem, elas se veem perdidas no abismo do não existir. Eis que foi assim que as Belas vieram buscar ajuda na clínica.

Segundo Ribeiro (2011), o que diferencia a clínica da obsessiva para a clássica da histeria é justamente no interrogar sobre a feminilidade: o que a histérica busca em Outra mulher, a obsessiva se recusa. A obsessiva procura sua resposta sobre o que é uma mulher na palavra.

Dessa forma, sintetiza-se que a teoria freudiana se depara com a questão do resto pulsional em relação à mulher, criando um problema a ser respondido pela teoria e prática psicanalítica (SHERMANN, 2003). A partir do Édipo, tenta construir uma saída para a indagação "o que quer uma mulher?". Assim, de acordo com Freud (1933/2010), uma mulher almeja o falo, passando a invejá-lo, construindo o termo *Penisneid* (inveja do pênis). Contudo, a teoria freudiana encontra sua limitação por precisar buscar uma relação anterior ao Édipo, na fase de ligação da menina com sua mãe.

Assim, conclui-se que o paradigma freudiano da feminilidade se limita à referência fálica e à castração, encontrando-se com os impasses referentes ao gozo e ao desejo, masculino e feminino. Assim, "[...] o gozo somente pode ser referido ao sexual ao ser articulado pela lógica falo-castração" (SHERMANN, 2003, p. 159). E é a partir dessa referência que Lacan (1972-1973/2008) aborda a feminilidade por meio de outro campo, na tentativa de responder ao enigma da mulher, fora da lógica fálica.

Mesmo com as mudanças sociais, essas mulheres obsessivas dizem na clínica que não há espaço para uma nova possibilidade de "tornar-se mulher", uma vez que sentem um grande sofrimento e culpa de não serem o que dizem esperar de si mesmas. Não se sentem mulheres como as outras e se acham, muitas vezes, mais próximas do pensamento masculino.

> *Eu simplesmente não me sinto bem comprando uma bolsa só porque é bonita, eu não preciso daquela bolsa e não entendo por que tenho de pintar meus cabelos se eu gosto deles como são. Porém, por não ter a bolsa e não pintar o cabelo, me sinto mal, como se eu não fosse mulher como as outras. Às vezes me pergunto: sou estranha ou louca, doutora? Mas o meu marido nunca pediu que eu fizesse essas coisas, se ele pedisse, talvez fizesse, mas eu não tenho vontade* (BELAS).

Sobre essas mudanças sociais, pode-se afirmar que, com o forte progresso da urbanização na década de 1970, começou a haver uma maior presença feminina nas ruas, universidades e empregos formais. Pinsky e Pedro (2012) afirmam que a principal contribuição do movimento feminista da década de 1970 e 1980 foi reconhecer a existência de outras formas de ser mulher, diferentes das imagens de esposa, mãe e dona de casa. Outro ponto fundamental foi a popularização da pílula anticoncepcional, que ao desvincular as práticas sexuais do casamento, possibilitou à mulher um maior controle sobre a natalidade. Desse modo, com o surgimento da pílula, separa-se a procriação da sexualidade, permitindo a todas terem uma nova vivência sobre seus corpos e desejos.

Apesar dessas mudanças, ainda existe a sombra das antigas imagens do tornar-se mulher, ligada à maternidade. De acordo com Lacan (1975/1985), não existe nada mais absurdo do que o analista deixar ecoar seu próprio medo e fantasma ao responder à pergunta: "o que quer uma mulher?", dizendo ser a maternidade seu maior e mais natural desejo. Lacan (1975-1985) questiona se, de fato esse fosse o desejo de toda mulher, não seria mais interessante abrir um escritório para organizar casamentos ou abrir uma clínica de inseminação artificial, em vez de se trabalhar com a psicanálise.

A partir desse questionamento, Lacan (1975-1985) descreve que a compreensão da feminilidade não se limita à definição fálica. Desse modo, a mulher não existe enquanto uma posição atribuída à sexualidade fálica, o que faz com que o feminino se aproxime da verdade e do gozo. E o gozo, a partir desse referencial, é visto como um excesso, algo que está além do campo fálico. O questionamento que se deveria fazer à mulher seria sobre sua relação com esse gozo não fálico. Na contemporaneidade, as mulheres já não pensam apenas em serem mães ou de fazerem semblante do objeto causa do desejo dos homens. Ou seja, com o advento da pós-modernidade e as transformações da sociedade e da cultura, a direção da significação feminina não se delimita mais ao dom do filho.

Conclui-se, portanto, que as mulheres têm novas possibilidades, contudo chegam outras questões. Cada vez mais as mulheres mergulham no universo dos estudos e trabalho, além do cuidado do lar, chegando a momentos de estafa, uma vez que, hoje, tudo podem. Não têm espaço para lidar ou aceitar a falta enquanto sujeito desejante, barrado e na inconsistência do Outro. Essas mulheres, fruto da atualidade e de seus processos, em sua maioria, vivem pressionadas à produção e nunca se dão o direito do lazer e descanso, pois simplesmente não podem parar. São mortas-vivas anulando seus desejos, interditando o gozo, vivendo na ordem da necessidade, em que tudo devem silenciar em si mesmas, atendendo à demanda do Outro, para que este também silencie, em uma empreitada impossível de tamponamento do desejo.

Assim, pode-se inferir que o nascer homem ou mulher é muito mais que uma questão orgânica para uma sociedade, é toda uma norma de comportamentos e costumes de como proceder. Desse modo, ao longo dos séculos, a sociedade ocidental representou o feminino, segundo Koss (2004), como compreensivo, dedicado à família, passivo, submisso, dócil, sentimental, brando, intuitivo e de universo privado. Na contemporaneidade, não se resume a esposa e mãe. Soler (2005) afirma que a mulher de hoje é completamente diferente da descrita no tempo de Freud. Muito mudou sobre o discurso acerca dela. Porém, isso não significa que o funcionamento psíquico se transformou.

O grande desafio para as mulheres gregas ou atuais é se nomearem e se constituírem diante do vazio e da angústia, em que cada uma a uma em sua singularidade se torna mulher na tarefa impossível de existir.

REFERÊNCIAS

ALONSO, S. L. **O tempo, a escuta, o feminino**. São Paulo: Casa do psicólogo, 2011.

BIRMAN, J. **Gramáticas do erotismo**: a feminilidade e as suas formas de subjetivação em psicanálise. Rio de Janeiro: Civilização Brasileira, 2001.

FREUD, S. **Três ensaios sobre a teoria da sexualidade**. Tradução de Paulo Dias Corrêa. Rio de Janeiro: Imago, 1905/2002.

FREUD, S. A feminilidade. *In:* FREUD, S. **Mal-estar na civilização, novas conferências introdutórias**. À psicanálise e outros textos. Obras completas Sigmund Freud. Tradução de P. C de Souza. São Paulo: Companhia das Letras, 1933/2010. v. 18.

FREUD, S. Dissolução do complexo de Édipo. *In:* FREUD, S. **O eu e o id**, autobiografia e outros textos. Obras completas Sigmund Freud. Tradução de P. C. de Souza. São Paulo: companhia das letras, 1924/2011. v. 16.

ISMÉRIO, C. **Mulher:** a moral e o imaginário (1889-1930). Porto Alegre: EDIPUCRS, 1995.

LACAN, J. **Mais, ainda.** Tradução de M. D. Magno. 2. ed. Rio de Janeiro: Jorge Zahar, 1972-1973/2008.

LACAN, J. **Feminine Sexuality.** Tradução de J. Rose. London: w. w. Norton & Company, 1975-1985.

KOSS, M. V. **Feminino + Masculino:** uma nova coreografia para a eterna dança das polaridades. 2. ed. São Paulo: Escrituras, 2004.

NERI, R. **A psicanálise e o feminino:** um horizonte da modernidade. Rio de Janeiro: Civilização Brasileira, 2005.

RIBEIRO, M. A. C. Um certo tipo de mulher. Rio de Janeiro: 7 Letras, 2011.

RIBEIRO, M. A. C. A neurose obsessiva. Rio de Janeiro: Jorge Zahar, 2003

SCHERMANN, E. Z. **O Gozo en-cena:** sobre o masoquismo e a mulher. São Paulo: Escuta, 2003.

SOLER, C. **O que Lacan dizia das mulheres.** Tradução de V. Ribeiro. Rio de Janeiro: Zahar, 2005.

PIRROT, M. **As mulheres ou os silêncios da história.** Tradução de V. Ribeiro. Bauru: EDUSC, 2005.

PINSKY, C. B.; PEDRO, J. M. **Nova história das mulheres.** São Paulo: Contexto, 2012.

PRIORE, M D. **Ao sul do corpo, condições femininas, maternidade e mentalidade no Brasil-Colônia.** Rio de janeiro: José Olympio, 1993.

7

PSICANÁLISE COM CRIANÇAS ON-LINE: SEMELHANÇAS E DIFERENÇAS NOS DESAFIOS DA PRÁTICA CLÍNICA

Thais Lia Castro Leite

INTRODUÇÃO

Sabemos que o atendimento on-line veio para ficar, e reconhecendo isso, é imprescindível que possamos avançar nos estudos e na teoria em relação a essa modalidade de atendimento.

Com o avanço da Pandemia no ano de 2020, por um período, o atendimento on-line foi a única modalidade possível de atendimento, possibilitando descobertas mais assertivas acerca do que pode funcionar como facilitador e como dificultador no campo analítico infantil dentro de um *setting* virtual, ao ponto de percebermos também em que momentos poderiam ser inviáveis o atendimento de crianças de forma virtual.

Apesar de ainda não ser unanimidade entre os psicanalistas, não podemos negar que o atendimento on-line se tornou uma realidade, que ainda com seus desafios, pode ser muito válida (NOGUEIRA, 2021). É claro que em relação a esse ponto devemos considerar uma série de questões, assim como na clínica presencial: de quem vem a demanda, como será o estabelecimento desse *setting* virtual, como será estabelecida a transferência com a criança e com seus pais ou cuidadores, e uma característica exclusiva da modalidade on-line, que é a de avaliar o quanto aquele atendimento é possível naquela família e naquela criança, atravessado e suportado por uma tela, refletindo inclusive se a criança que ali está pode ser considerada apta a passar um tempo considerável na frente de uma tela, levando em conta sua idade e as interações que já possui com o universo da tela, pois como nos alerta Jerusalinsky (2017), as telas e o seu excesso principalmente podem causar intoxicações eletrônicas.

Sabemos que atender crianças é lidar também com suas famílias, e isso no ambiente virtual fica ainda mais evidente, pois na grande maioria das vezes é necessária a mediação de um adulto para que a criança acesse o dispositivo eletrônico usado para atendimento, seja um computador, celular ou tablet. Para que uma análise com crianças possa caminhar, devemos compreender que é por meio da transferência bem estabelecida com as figuras parentais que poderemos enfim manter o *setting* analítico de forma segura para o analisante, e realizar as devidas intervenções. Mas, então, o que permanece e o que muda nesse modelo de atendimento virtual?

7.1 ANÁLISE COM CRIANÇAS E O LUGAR DOS PAIS

Para considerar uma análise de crianças independentemente de ser de modo presencial ou virtual, precisamos pensar e trabalhar com aqueles que ocupam a função parental na vida daquela criança. Para isso, então, precisamos falar sobre a importância das entrevistas preliminares e a necessidade de estabelecer um bom processo transferencial com aqueles que ocupam a função parental, principalmente pensando em um trabalho on-line, já que, de fato, o *setting* analítico e sua fluência no sentido do sigilo vão depender muito mais da compreensão da família de como funciona a análise infantil e a importância de que a criança e seus cuidadores se sintam à vontade e seguros em relação ao analista.

Essa importância da entrevista preliminar com os pais ou cuidadores diz respeito à importância do que em psicanálise chamamos de significante, pois somente por meio do discurso do Outro é que saberemos sobre esse sujeito que nos chega. Na clínica com crianças, essa possibilidade de surgimento do significante não vem somente por meio do discurso e do brincar infantil, mas também daqueles que ocupam lugar parental em suas vidas. O que quero destacar aqui é que, de fato, o significante só irá aparecer por meio de um discurso estabelecido via transferência (BRAUER, 1994) e essa transferência é também a transferência com os pais ou cuidadores.

É impossível então deixar os pais de fora da escuta analítica no atendimento com crianças (BRAUER, 1994), e a importância de realizar isso de forma clara e bem estabelecida no atendimento on-line fará toda a diferença na criação e manutenção daquele *setting* virtual.

Isso diz respeito a duas questões fundamentais: a primeira é que como nos destaca Brauer (1994), ao lidar com crianças na clínica estamos lidando com mais de um sujeito, logo, precisamos compreender se aquela demanda que aparece como demanda clínica é realmente daquela criança que nos chega, ou se é principalmente uma demanda dos pais. É essencial que esse levantamento seja bem feito, se pensarmos em um *setting* on-line, pois será necessário informar aos pais como a análise se dará dali pra frente nesse ambiente virtual, se será necessário ou não sua presença constante no *setting*, se a criança é capaz de usar fones de ouvido, se ela realmente ficará em um ambiente isolado dos outros na casa, e se é uma criança que possui ou não problemáticas relacionadas ao uso excessivo de telas.

Esses levantamentos, apesar de serem parecidos com o da clínica presencial, irão tornar diferente o funcionamento da análise, pois podemos avaliar em um primeiro momento se essa família está disposta a cumprir os acordos feitos para o andamento analítico, ou se é uma família em que, por exemplo, não há um limite claro de privacidade e confiança e como isso poderá tornar difícil ou até mesmo inviável uma análise on-line infantil.

É por meio desse primeiro contato com os pais ou cuidadores que conseguiremos compreender, por meio das entrevistas preliminares e da análise do discurso dos pais, qual o lugar que essa criança ocupa no contexto familiar. Vale ressaltar que a criança que chega em análise, seja de forma presencial ou virtual, é sempre trazida pelas ressonâncias que causa em um adulto e não necessariamente por um pedido vindo de si (FLESLER, 2012).

7.2 A FUNÇÃO DO BRINCAR NA ANÁLISE INFANTIL: MÉTODOS PROJETIVOS E TÉCNICAS VIRTUAIS

Considerando essas questões colocadas em relação ao estabelecimento e construção sobre o lugar da criança no seio familiar, como e por qual motivo ela nos chega, podemos então compreender quais materiais podemos apresentar como possibilidade lúdica para a análise infantil, observando ao que a criança se adapta e principalmente ao que ela diz demonstrar interesse e ao que de fato ela se interessa.

Percebemos que assim como na análise infantil presencial, é por meio da ludicidade e do brincar que poderemos construir o universo simbólico que atravessa aquela criança e que a marca e diz quem ela é. Segundo Winnicot (1975), o brincar é uma das principais formas de comunicação da criança, é a linguagem explorada por ela dentro do universo simbólico. Desde Freud (2014), que observou ainda na brincadeira do Fort-Da uma simbolização psíquica da ausência materna e também sobre como a criança pode, por meio do brincar realizar uma operação psíquica de sustentação da falta, do desprazer e passar de sujeito passivo para ativo, observamos como o brincar oferece esse aparato de sustentação psíquica e estruturação subjetiva.

Mas então que brincar possível seria esse dentro de um *setting* totalmente virtual, no qual não há possibilidade de interação física da criança com o analista ou com os objetos que o analista pode apresentar? Devemos considerar então que o brincar é constitutivo e que ele não tem regras.

É um fato nada recente que muito já tem se discutido e falado acerca das tecnologias e a forma como elas atingem as crianças. Dolto (2021) já questionava décadas atrás se estaria o computador e os jogos eletrônicos a serviço das crianças, assim como os brinquedos que ganhavam cada vez mais funções, como falar, chorar, andar eletronicamente, qual tipo de relação seria constituída.

É inegável que há sim uma outra relação das crianças com o brinquedo, o brincar e a brincadeira hoje em dia, mas há dois fatores que não podemos descartar: há jogos que podem deixar uma criança solitária e isolada, enquanto há outros que podem uni-la aos colegas; em contrapartida, sobre os brinquedos que possuem muitas funções, é notório, como já nos indicava Dolto (2021), como as crianças se desinteressam rapidamente por estes, por uma questão simples: não há vida a criar em algo que já faz uma série de coisas.

> Os brinquedos que eram amados eram brinquedos com os quais a criança se identificava; quando estavam fora de uso, era como se ela perdesse um amigo. O brinquedo eletrônico não é um amigo, mas um instrumento. Já fora observado, a propósito, nas bonecas que fazem xixi (não se sabe o porquê), quanto mais se programa funções sobre um mesmo objeto, menos a criança pode gostar dele, porque ela não pode projetar uma vida afetiva sobre esse brinquedo; é uma vida funcional e não uma vida afetiva... (DOLTO, 2021, p. 100).

O que queremos destacar aqui é algo que pode passar despercebido como uma possibilidade nos atendimentos on-line: os jogos eletrônicos, o universo on-line em si pode ser uma grande ferramenta para utilizar nos atendimentos clínicos com crianças que se interessam por esse tipo de jogos ou "brinquedos", pois há uma possibilidade de o analista adentrar o universo daquele jogo e compreender o campo simbólico da criança que joga o jogo X ou Y, participando do próprio jogo e assim podendo desenvolver uma relação transferencial com aquela criança.

Mas há também a possibilidade de o analista descobrir o que a criança mais se interessa para além dos jogos eletrônicos em conjunto, utilizando métodos projetivos em que a criança poderá criar seu próprio discurso com recursos que interessam àquele pequeno analisante, por exemplo: contação de histórias, desenhos feitos tanto por aplicativos de computador ou feito manualmente e sendo exibidos pela câmera, entre outros recursos lúdicos que podem auxiliar o andamento da sessão.

O que vai garantir que haja um bom desenvolvimento clínico em relação à utilização de "ferramentas" diferentes é justamente compreender ao que a criança se interessa, deixando que ela guie esse caminho, apresentando possibilidades e, a partir disso, direcionar o tratamento dentro do que é possível naquele *setting*.

7.3 A FUNÇÃO DO ANALISTA NO *SETTING* ON-LINE

Aqui nos deparamos com algumas questões referentes ao atendimento on-line, pois qual seria a função do analista nesse *setting* completamente diferente? É importante ressaltamos então o que seria a função do analista, a direção do tratamento e os impasses e as possibilidades produzidas por meio das análises virtuais.

O analista, de acordo com o que Lacan (1992) nos apresenta no seminário 17, deve ocupar um lugar de objeto, ou seja, ocupar um lugar em que é possível causar desejo no outro, no analisante, para que a partir desse movimento de desejo haja então uma produção de fala por meio da associação livre. Por outro lado, sabemos que ao trabalharmos com crianças, não estamos necessariamente usando a associação livre como principal fonte de produção analítica, mas sim métodos lúdicos e simbólicos por meio do brincar, que podem ou não ser verbais e que isso traz toda uma diferença.

Considerando essas colocações é imprescindível aquele analista que se predispõe a atender crianças na clínica, seja ela presencial ou virtual, que está ciente das vicissitudes desse tipo de atendimento. Ao adentrarmos o campo dos atendimentos virtuais, nos deparamos com diferenças muito específicas: a brincadeira não verbal pode ser mais difícil de lidar no *setting*, pois o recurso do corpo do analista está limitado ao espaço virtual, e que não havendo presença física de corpo, a dinâmica muda, mas não se impossibilita, como bem é demonstrado por Goldenberg (2017):

> Algumas análises não são possíveis de modo virtual, mas também outras tampouco são possíveis de modo real. Minha única ressalva, neste ponto, é que a análise virtual deve contemplar todas as possibilidades deste novo meio, sem tentar imitar as condições presenciais, como se nada tivesse mudado. Tudo mudou, o que não me parece um problema, desde que seja pensado [...] Não é que nada se perdeu. Algumas coisas se perderam... Ganhamos outras (GOLDENBERG, 2017, p. 87).

Nesse sentido, concordamos com Goldenberg (2017): tudo muda em uma análise virtual e precisamos considerar isso como um fato dado, em que questões como fuso horário, problemas de som e imagem, entre outros fatores, podem interferir no andamento da análise, assim como outras questões podem interferir em um atendimento presencial. O mais importante nesse sentido é não desconsiderar isso ao pensar em uma direção de tratamento.

Lacan (1998) nos coloca que a direção do tratamento parte do analista, a partir do momento em que ele compreende que as resistências geradas ali não advêm do campo do analisante, mas sim do que o próprio analista pode apresentar como barreira. Nesse texto, o psicanalista francês nos elucida algo muito importante, que para que uma análise possa existir, é importante que o analista não se faça de morto, ocupando o lugar de objeto ele não ocupa o lugar de um defunto, um ser sem vida, muito pelo contrário, ele é a peça fundamental para que, a partir de cumprir lugar de objeto, sua função de interrogar e causar desejo opere.

Trabalhar em análises on-line com crianças significa um lugar de muita atividade para o analista, pois questões simples como sumir da tela para buscar algum recurso que não está perto pode representar a perda de atenção da criança pelo restante da sessão. É importante considerar isso, pois como em uma análise virtual não se ocupa o mesmo ambiente que o do pequeno analisante, é necessário deixar todos os recursos possíveis ao seu alcance, para que haja a menor quantidade de interrupções possíveis.

Outra questão a ser considerada enquanto analista é a forma como aquela criança está participando dos atendimentos, que brincadeiras prefere e, principalmente, se mais uma exposição a campo do virtual é algo que colabora para sua vida ou se pode ser um risco a uma intoxicação eletrônica (JERUSALINKY, 2017).

Para que haja essa percepção de forma mais clara e objetiva, devemos retomar a ideia de que quem trabalha e atende crianças na clínica lida com múltiplas transferências, para além da transferência construída com o pequeno analisante, como nos demonstra Brito e Naffah Neto:

> Na análise de crianças e adolescentes existem diferentes transferências a serem observadas: a transferência dos pais com o analista, a transferência do paciente com o analista e a transferência do próprio analista com os pais e com o paciente, em que está envolvido com suas questões inconscientes. Portanto, podemos afirmar que o analista deve estar atento ao lidar com as múltiplas transferências e estudar e entender essa dinâmica transferencial para o bom andamento do tratamento (BRITO; NAFFAH NETO, 2018, p. 121).

Dito isso, devemos considerar que no *setting* on-line a questão da transferência com os pais ou cuidadores se torna ainda mais preciosa para a possibilidade real da manutenção de um espaço confiável e de sigilo para o desenvolvimento da análise infantil. Segundo Nogueira (2021), um argumento válido e inquestionável para o andamento da análise on-line é que uma característica fundamental e imprescindível de um analista é a sua capacidade de escuta, algo que não é perdido no atendimento on-line. Ainda que no atendimento infantil a escuta ocorra por meio das metáforas trazidas pelo brincar simbólico infantil, por meio das histórias, cartas e desenhos, por exemplo, a escuta clínica continua sendo ferramenta fundamental e no atendimento parental também.

Podemos concluir que apesar dos desafios colocados em torno de uma clínica on-line, desde a forma como se dará a mediação do espaço clínico, da privacidade e do sigilo, das técnicas que podem ser usadas como recursos auxiliares no atendimento infantil clínico, não vejamos como impossível o fazer analítico nessa modalidade, portanto, que se considere as mudanças inerentes à modalidade de atendimento on-line que trazem perspectivas diferentes dos atendimentos presenciais.

REFERÊNCIAS

BRAUER, Jussara Falek (org.). **A criança no discurso do outro**: um exercício de psicanálise. São Paulo: Iluminuras, 1994.

BRITO, Claudia Vannozzi; NAFFAH NETO, Alfredo. As múltiplas transferências e o manejo do setting nas consultas com pais no tratamento de crianças e adolescentes: uma contribuição. **Jornal de Psicanálise**, São Paulo, v. 95, n. 51, p. 119-134, mar. 2018.

DOLTO, Françoise. **A causa das crianças**. São Paulo: Ideias&Letras, 2021.

FLESLER, Alba. **A psicanálise de crianças e o lugar dos pais**. Rio de Janeiro: Zahar, 2012.

FREUD, Sigmund. Além do princípio do prazer. *In:* FREUD, Sigmund. **História de uma neurose infantil (o homem dos lobos), Além do princípio do prazer e outros textos**: obras completas. 14. ed. São Paulo: Companhia das Letras, 2014. p. 161-239.

GOLDENBERG, Ricardo. Reflexões de um Geek. *In:* JERUSALINSKY, Julieta; BAPTISTA, Ângela (org.). **Intoxicações eletrônicas**: o sujeito na era das relações virtuais. Salvador: Ágalma, 2017. p. 78-88.

JERUSALINSKY, Julieta. Que rede nos sustenta no balanço da web?: o sujeito na era das relações virtuais. *In:* JERUSALINSKY, Julieta (org.). **Intoxicações eletrônicas**: o sujeito na era das relações virtuais. Salvador: Álgama, 2017. p. 13-38.

LACAN, Jacques. A direção do tratamento e os princípios de seu poder. *In*: LACAN, Jacques. **Escritos**. Rio de Janeiro: Jorge Zahar, 1998.

LACAN, Jacques. A produção dos quatro discursos. *In:* LACAN, Jacques. **Seminário 17**. Rio de Janeiro: Jorge Zahar, 1992.

NOGUEIRA, Tiago Sanches. Psicanálise com crianças online? Reflexões sobre um atendimento durante a pandemia. **Estilos da Clínica**, Salvador, v. 26, n. 3, p. 435-444, jun. 2021.

WINNICOTT, Donald. **O brincar e a realidade**. Rio de Janeiro: Imago, 1975.

SOBRE OS AUTORES

Ana Paula Romancini

Psicanalista. Graduada em Psicologia pelo Centro Universitário Estácio de Sá, SC (2012). Pós-graduada em Psicologia Perinatal pelo Instituto Pais e Bebês (2019).

Orcid: 0009-0005-0568-7539

Camila Guimarães de Paula Pessôa

Psicanalista – Formação Invenção Freudiana, ex-professora da Universidade Estadual do Ceará (UFC) e da Universidade Aberta do Brasil (UAB), atual professora do centro universitário – FBUNI – do curso de Psicologia, membro do laboratório de pesquisa do Hospital de Saúde Mental Professor Frota Pinto-5 HSM. Doutora, mestre e graduada em Psicologia pela Universidade de Fortaleza (Unifor).

Orcid: 0000-0002-3165-4934

Carla Renata Braga de Souza

Psicanalista. Doutora e mestre em Psicologia pela Universidade de Fortaleza (Unifor) e graduada em Psicologia pela Universidade Estadual da Paraíba (UEPB). Membro-associado à CLIO – Associação de Psicanálise. Pós-doutoranda em Psicologia pela Universidade Federal do Ceará (UFC). Extensionista do Programa Clínica, Estética e Política do Cuidado (CEPC) vinculado à UFC. Docente do Centro Universitário Christus (Unichristus).

Orcid: 0000-0002-2592-4547

Clauberson Sales do Nascimento Rios

Mestre em Psicologia, graduado em Psicologia, psicanalista e docente do curso de Psicologia da Uninassau e da Faculdade Pitágoras.

Orcid: 0009-0003-9612-2570

Karla Patrícia Holanda Martins

Professora associada ao Departamento de Psicologia da Universidade Federal do Ceará (UFC). Pós-doutora pelo Instituto de Psicologia da USP, doutora em Teoria Psicanalítica (UFRJ) e mestre em Psicologia (PUC-RJ). Coordenadora do Programa de Extensão "Clínica, Estética e Política do Cuidado" (CEPC) da UFC.

Orcid: 0000-0003-3242-6287

Mônica Maria F. de S. Medeiros

Psicóloga/psicanalista. Pós-graduada em Medicina e Psicanálise com Bebês de 0 a 3 anos pela FBUNI. Participante da Rede Bebê – Fortaleza.

Orcid: 0009-0004-4667-0541

Regina Cláudia Albuquerque

Psicóloga/psicanalista. Participante da Rede Bebê – Fortaleza. Formação CLIO – Associação de Psicanálise.

Orcid: 0009-0007-9651-6114

Ricardo Pinheiro Maia Júnior

Psicanalista, mestre e graduado em Psicologia pela Universidade de Fortaleza (Unifor). Membro-associado à CLIO – Associação de Psicanálise. Atualmente, doutorando em Psicologia pela Universidade Federal do Ceará (UFC) e extensionista do Programa de Extensão "Clínica, Estética e Política do Cuidado" (CEPC) vinculado à UFC.

Orcid: 0000-0003-0114-5079

Thais Lia Castro Leite

Psicóloga graduada pela Universidade de Fortaleza (Unifor), mestra em Psicologia pela Unifor. Atua como psicóloga clínica e psicanalista de crianças, adolescentes e adultos de forma on-line e presencial, supervisora clínica e pesquisadora membro do Laboratório *Laepcus* da Unifor.

Orcid: 0000-0001-5955-1251

Valnei Pinto Macedo Júnior

Psicólogo de orientação psicanalítica, graduado pela Uninassau. Psicomotricista Relacional, especialista pelo Integra/IPPEO. Atuação e pesquisa na área da clínica da infância, com ênfase na constituição subjetiva e na clínica do autismo.

Orcid: 0009-0003-7248-2440